KB197689

청소년 예수님의 사람 2

청소년

예수님의 사람 2

WALKING WITH JESUS

유기성 지음

예수님과 동행하는 삶으로 인도하는 제자훈련

위드지저스

제자훈련 서약서

나는 《청소년 예수님의 사람》 제자훈련의 훈련생으로서
하나님 앞에서 다음과 같이 서약합니다.

1. 나는 제자훈련이 진행되는 동안 제자훈련을 우선순위에 두겠습니다.

2. 나는 결석이나 지각을 하지 않고 제자훈련에 성실하게 참여하겠습니다.

3. 나는 예습과 주어진 과제를 철저하게 수행하겠습니다.

4. 나는 열린 마음과 정직한 마음으로 훈련에 참여하겠습니다.

5. 나는 다른 훈련생들의 개인적인 이야기들에 대해 비밀을 지키겠습니다.

6. 나는 우리가 그리스도 안에서 한 몸임을 기억하고 사랑과 기도로써
   서로에 대한 책임을 다하겠습니다.

년   월   일

이름 : _____(인)

청소년에게 드리는 편지

청소년 여러분을 주 안에서 진심으로 사랑하며 축복합니다. 여러분의 때가 여러분 개인에게만 아니라 우리나라와 한국 교회에도 너무나 소중한 시기입니다.

요셉, 다윗, 다니엘과 같은 믿음의 사람들은 청소년 시절에 주님을 만났고 주님과 동행하는 삶에 대해 훈련을 받았습니다. 요셉은 열 입곱 살 때부터 애굽에서 노예 생활을 했고 감옥에도 갇혔지만 결코 낙심하거나 절망하지 않았습니다. 소년 다윗은 골리앗 앞에서도 두려워하지 않고 물맷돌 하나로 골리앗을 쓰러뜨렸습니다. 다니엘은 청소년 시절에 우상 제물이나 세상에 속한 것들로 자기를 더럽히지 않기로 뜻을 정했습니다.

요셉, 다윗, 다니엘이 어떤 상황 속에서도 낙심하거나 두려워하지 않고 세상의 물결에 물들지 않을 수 있었던 이유는 단 하나입니다. 그들이 청소년 시절에 주님과 동행하는 삶에 눈을 떴기 때문입니다.

《청소년 예수님의 사람》 제자훈련 교재는 여러분이 예수님이 누구신지를 알게 하고 십자가 복음이 무엇인지 깨우쳐 주며 무엇보다 예수님을 인격적으로 만나고 친밀히 동행하도록 도와줄 것입니다.

예수님 당시에 예수님을 따르는 무리는 많았습니다. 그러나 그들이 다 제자는 아니었습니다. 얼마만큼 주님과 동행하느냐에 따라 그 제자 됨이 달라짐을 알 수 있습니다. 예수님께서는 제자들과 함께 식사하고 함께 길을 걸으시고 함께 잠자리에 들면서 친밀하게 이야기하셨습니다.

곧 예수님의 제자란 예수님과 인격적인 관계를 맺고 함께 살며 교제함으로써 주님을 알아가는 사람입니다. 하나님은 이런 사람을 주목하시고 이런 사람을 통하여 자신의 뜻을 이루어 나가십니다. 여러분도 주 예수님과 이처럼 행복하게 동행할 수 있음을 믿어야 합니다. 이 제자훈련을 통하여 그 확신을 하게 될 것입니다.

지금 여러분 주위에는 음란한 인터넷 문화, 가치관의 왜곡, 마음의 깊은 상처, 삐뚤어진 성품, 휴대폰과 게임 등에 의한 중독, 자살 충동, 극단적인 개인주의에 빠진 친구들이 많을 것입니다. 여러분이 주님을 만나고 복음에 굳게 서서 그들을 주님께로 인도해야 합니다.

《청소년 예수님의 사람》은 단지 성경을 배우고 문제를 푸는 형태의 제자훈련이 아닙니다. 여러분 스스로 예수님이 내 마음에 계시고 늘 함께하신다는 사실을 깨닫게 함으로써 예수님께서 여러분의 삶을 변화시킬 수 있도록 도와주는 형태의 제자훈련입니다.

10주 동안의 매우 짧은 기간이지만 계속해서 질문하여야 할 것은 하나입니다. "예수님은 정말 내 안에 계시며 나와 동행하실까?" 제자훈련을 마칠 때 위의 질문에 "아멘!" 할 수 있다면 이보다 감격스러운 일은 없을 것입니다. 그 사람이 바로 '예수님의 사람'이기 때문입니다.

《청소년 예수님의 사람》 제자훈련을 통하여 하나님이 사랑하시는 청소년들이 십자가 복음에 온전히 서서 주 예수님과 24시간 동행하는 믿음의 사람들로 일어서길 기도합니다.

윤기남 목사

청소년에게 드리는 편지 · 6

이 책에 대해 · 10

예수동행훈련이란? · 16

CHAPTER 6 　목자의 음성 · 18

01 진짜 하나님이 말씀하신다고? · 20

02 순종할 때 들리는 음성 · 24

03 마음과 생각 지키기 · 29

04 마귀의 소리를 차단하라 · 32

05 하나님의 음성을 잘 들으려면 · 37

소그룹 나눔 · 42

CHAPTER 7 　소망으로 사는 사람 · 46

01 죽음을 내다보는 눈 · 48

02 천국을 바라보는 눈 · 53

03 흔들리지 않게 하는 소망 · 57

04 다가오는 하나님 나라 · 61

05 소망은 사명이다 · 65

소그룹 나눔 · 70

CHAPTER 8 　기도로 사는 사람 · 74

01 왜 기도해야 하나? · 76

02 하나님과 친해지는 기도 · 82

03 기도와 영적전쟁 · 86

04 마귀의 전략 · 91

05 영적전쟁에서 승리하는 길 · 95

소그룹 나눔 · 100

CHAPTER 9 　예배하는 사람 · 104

01 감격의 예배 · 106

02 영으로 예배하라 · 110

03 진리로 예배하라 · 114

04 예배는 하나님과 만나는 시간 · 118

05 삶으로 드리는 예배 · 122

소그룹 나눔 · 126

CHAPTER 10 　전도자의 사명 · 130

01 전도는 전하는 것이다 · 132

02 나는 정말 하나님을 사랑하는 사람인가? · 136

03 전도와 영적전쟁 · 140

04 전도는 나의 예수님을 전하는 것 · 145

05 나는 선교사입니다 · 149

소그룹 나눔 · 154

부록 · 158

왜 제자훈련인가?

《청소년 예수님의 사람》제자훈련은 10명 내외의 인원으로 하는 다소 비효율적인 훈련입니다. 하지만 이것이 예수님의 방법이었습니다.

1. 예수 그리스도의 계획은 사람을 세우는 것이었습니다

예수님께서 이 세상에 오셔서 하나님의 일을 하실 때, 제자들을 부르심으로 사역을 시작하셨습니다. 예수님은 책을 쓰거나, 조직을 만들거나, 건물을 세우지 않으시고 소수의 사람을 택해 제자로 세우셨습니다. 예수님께서 선택하신 제자들은 평범한 사람들입니다. 그러나 예수님께서 아무나 제자로 부르신 것은 결코 아닙니다. 예수님께서는 분명한 기준을 가지고 제자들을 택하셨습니다. 그 기준은 '가르치기에 좋은 사람인가'였습니다.

2. 예수님께서는 소수의 제자를 선택해 철저하게 훈련시키셨습니다

예수님께서는 직접 가르치시고 훈련시킨 소수의 제자들을 남기셨지만 그들에 의해 세상은 변화되었고, 지금 우리는 전 세계가 복음화 되어가는 놀라운 결과를 목격하고 있습니다.

어설프게 훈련된 백 명의 사람보다 철저하게 훈련된 한 사람이 더 큰일을 합니다. 어린아이 백 명보다 어른 한 사람이 더 효율적으로 일합니다. 여기에 제자훈련의 철학과 비전이 있습니다. 하나님께서 주목하시는 사람은 제자로 훈련된 사람입니다. 사람이 변하면 모든 것이 변합니다. 가정도, 교회도, 학교도, 사회도 모두 변합니다. 하나님 나라는 변화된 사람을 통해 이 땅에 이루어집니다.

3. 제자훈련의 핵심은 예수님과의 인격적인 관계를 훈련하는 것입니다

또 산에 오르사 자기가 원하는 자들을 부르시니 나아온지라 이에
열둘을 세우셨으니 이는 자기와 함께 있게 하시고 또 보내사 전도도 하며
귀신을 내쫓는 권능도 가지게 하려 하심이러라 마가복음 3:13-15

말씀을 보면 예수님께서 제자들을 부르신 분명한 세 가지의 목적이 나옵니다. 첫째, 일평생 주님과 동행하는 사람, 둘째, 복음 전도가 삶의 목적인 사람, 셋째, 귀신을 내쫓는 일, 곧 영적전쟁에 대한 눈이 열린 사람입니다. 예수님 당시에 예수님을 따르는 무리는 많았습니다. 그러나 그들이 다 제자는 아니었습니다. 예수님의 제자들은 주님과 인격적인 관계를 맺고 예수님과 24시간 동행했습니다. 예수님과 얼마나 가까이 있고 동행하느냐에 따라 제자의 자격이 결정되었다는 뜻입니다. 예수님께서 행하신 제자훈련 핵심은 예수님과 동행하며 예수님을 알아가는 것이었습니다. 예수님을 인격적으로 만나야 삶의 변화가 일어납니다. 예수님과 인격적으로 교제하고, 동행하는 삶에 눈뜰 때 비로소 하나님께 쓰임 받는 사람이 될 수 있습니다.

제자훈련은 누가 받는가?

제자훈련을 이해하려면 그리스도인들의 믿음이 성장 단계를 거치면서 자란다는 것을 이해해야 합니다. 모든 그리스도인은 보통 다음 다섯 단계를 거치면서 성장합니다.

1단계) 하나님의 존재를 의심하는 수준: 구원의 확신이 없는 초신자

어떤 의심하는 자들을 긍휼히 여기라 유다서 1:22

2단계) 자기 문제에만 매달려 있는 수준: 미숙한 신자

형제들아 내가 신령한 자들을 대함과 같이 너희에게 말할 수 없어서 육신에 속한 자

곧 그리스도 안에서 어린 아이들을 대함과 같이 하노라 내가 너희를 젖으로 먹이고

밥으로 아니하였노니 이는 너희가 감당하지 못하였음이거니와 지금도 못하리라

너희는 아직도 육신에 속한 자로다 너희 가운데 시기와 분쟁이 있으니

어찌 육신에 속하여 사람을 따라 행함이 아니리요 고린도전서 3:1-3

3단계) 남의 문제를 위해 섬기는 수준: 은혜를 체험한 자 (제자훈련 대상)

기쁜 마음으로 섬기기를 주께 하듯 하고 사람들에게 하듯 하지 말라 에베소서 6:7

4단계) 다른 사람을 영적으로 도울 수 있는 수준: 삶의 우선순위가 분명한 사람

그런즉 너희는 먼저 그의 나라와 그의 의를 구하라 그리하면 이 모든 것을

너희에게 더하시리라 마태복음 6:33

하나님 앞과 살아 있는 자와 죽은 자를 심판하실 그리스도 예수 앞에서

그가 나타나실 것과 그의 나라를 두고 엄히 명하노니 너는 말씀을 전파하라

때를 얻든지 못 얻든지 항상 힘쓰라 범사에 오래 참음과 가르침으로

경책하며 경계하며 권하라 디모데후서 4:1-2

5단계) 주님을 위해 전적인 순종을 드리는 수준: 제자훈련의 절정이자 결과

내가 그리스도와 함께 십자가에 못 박혔나니 그런즉 이제는 내가 사는 것이 아니요

오직 내 안에 그리스도께서 사시는 것이라 이제 내가 육체 가운데 사는 것은

나를 사랑하사 나를 위하여 자기 자신을 버리신 하나님의 아들을 믿는 믿음 안에서

사는 것이라 갈라디아서 2:20

그러므로 너희는 가서 모든 민족을 제자로 삼아 아버지와 아들과 성령의 이름으로

세례를 베풀고 내가 너희에게 분부한 모든 것을 가르쳐 지키게 하라

볼지어다 내가 세상 끝날까지 너희와 항상 함께 있으리라 하시니라 마태복음 28:19-20

제자훈련의 핵심은 다음 단계로 자라게 해줘야 한다는 것입니다. 제자훈련은 대략 3단계에 이른 그리스도인을 제자훈련 받을 사람으로 선택하게 됩니다. 그러므로 당신은 적어도 이 3단계에 이르렀다고 인정받은 사람입니다. 그리고 이 제자훈련을 마칠 때, 5단계에 이르게 될 것입니다. 《청소년 예수님의 사람》 제자훈련을 통해 여러분 모두 주님의 제자가 되시기를 바랍니다.

교재는 어떻게 활용하는가?

1. 교재를 매일 한 과씩 예습합니다

이 교재는 모두 10단원으로 구성되어 있고, 각 단원은 5과로 구성되어 있습니다. 매주 한 단원씩 예습해야 합니다. 매일 한 과씩 5일 동안 예습하고, 6일째는 5일 동안 예습한 내용을 간단히 훑어보며 제자훈련 반에서 훈련받을 준비를 합니다.

2. 이 책은 맨 앞장부터 끝장까지 읽어 나가도록 구성되었습니다

교재를 단순히 읽는 데서 그치면 안 됩니다. 이 책을 공부하고 성경의 원리를 여러분의 삶에 적용하기를 원합니다. 이것을 하는 데는 시간과 인내가 필요합니다. 이렇게 교재를 공부하면서 함께 계시는 예수님을 인격적으로 알게 될 것입니다.

3. 어떤 내용도 빠뜨리지 않고 읽고, 어떤 질문도 건너뛰어서는 안 됩니다

질문에 답하기 위해서는 성경을 찾아보고 깊이 생각하며 답을 써야 합니다. 많은 부분이 기도와 말씀묵상, 성경공부를 통해서 하나님과 교제하도록 여러분을 이끌어 줄 것입니다. 질문을 지나쳐 버린다면 하나님이 여러분의 인생을 변화시킬 수 있는 기회를 놓칠지도 모릅니다.

답을 쓸 때는 단순하게 '네', '아니오'로 답하면 안 됩니다. 왜 그렇게 생각하는지 깊이 고민하고 기도하면서 이유를 같이 적어야 합니다. 고민하는 과정 중에 하나님의 마음과 생각을 알 수 있습니다.

성경을 찾아 답을 쓰는 질문의 경우에는 질문 바로 뒤에 정답이 나올 것입니다.

그때 여러분의 답과 맞춰 보십시오. 그러나 항상 정답을 보기 전에 자신의 답을 써야 합니다. 어떤 경우에는 여러분의 생각과 의견을 묻는 질문이 있을 수 있습니다. 그런 질문에는 정답이 없으므로 솔직하게 자신을 드러내는 것이 중요합니다. 만약 기도하고 고민해도 답을 모르겠다면 넘어가도 좋습니다. 대신, 넘어가기 전에 강사에게 꼭 질문해주세요.

4. 은혜받은 부분이나 궁금한 부분을 기록합니다

교재를 예습하면서 각 페이지의 여백에 느낀 바를 그때그때 적는 것도 좋습니다. 하나님은 한 단원에서도 여러 개의 배울 점을 주실 수 있습니다. 작은 것 하나라도 잊지 말고 복습할 수 있도록 반드시 쓰십시오. 그리고 예습하다가 이해가 되지 않거나 궁금한 점이 있으면 기록해 두고 제자훈련 모임 때 강사에게 질문해도 좋습니다.

5. 절대 빠지거나 지각하지 않고 제자훈련을 받습니다

소그룹 나눔 시간은 훈련생들이 한 주 동안 예습하면서 받은 은혜와 결단을 서로 나누며 깨달은 것을 실제적인 삶에 적용하는 시간입니다. 제자훈련 모임에서 다른 훈련생들과 함께 공부하면, 하나님의 뜻을 온전히 깨닫고 이해하는 데 서로 큰 도움이 된다는 것을 발견하게 될 것입니다.

〈동행〉 예수님과 함께 걷기

여러분은 예수님이 여러분과 항상 함께하신다는 걸 믿고 있습니까? 예수님이 나와 항상 함께하신다는 것은, 예수님을 믿는 우리에게 주어진 놀라운 특권입니다. 예수님이 이 땅에서 마지막으로 제자들에게 이렇게 말씀하셨습니다. "내가 세상 끝날까지 너희와 항상 함께 있으리라(마태복음 28:20)" 예수님은 지금도 여러분 안에 계십니다. 이것을 믿고 내 안에 계신 예수님과 함께 걷는 것이 예수님과의 동행입니다.

여러분은 이 12주의 제자훈련을 통해 예수님의 제자, 예수님의 사람으로 세워지게 됩니다. 그렇지만 이 제자훈련의 진정한 목표는 이 훈련이 끝난 후에도 계속해서 예수님의 사람으로 사는 것입니다. 그 삶을 지속할 수 있는 방법은 예수님과 동행하는 것입니다. 예수님이 나와 함께 하신다는 것을 기억한다면 나의 평범한 일상이 완전히 새롭게 됩니다.

〈훈련〉 예수님과 걷는 연습하기

누군가와 가까워지는 일에 시간과 노력이 필요하듯이 예수님과 친밀히 동행하는 것도 훈련이 필요합니다. 성경은 하나님과 날마다 동행한 사람들의 이야기로 가득합니다. 아브라함, 에녹, 요셉 등 많은 사람이 하나님을 알았고 그분과 날마다 함께 사는 하루하루를 훈련했습니다. 예수님의 제자들도 마찬가지였습니다. 수많은 사람이 예수님을 만났습니다. 병도 고침을 받았고, 죽었다가 살아난 사람도 있었습니다. 하지만 '예수님의 제자'라고 불린 사람들은 예수님과 날마다 같이 밥을 먹고, 걷고, 가르침을 듣고, 보았던 이들이었습니다.

저는 2009년, 건강 문제로 제주도에 조그만 집을 빌려 지내며 휴식하는 안식월을 갖게 되었습니다. 그때 한 달 동안 아내와 한가지 실험을 해봤습니다. 안식월 기간에 예수님만 바라보며 살기로 했습니다. "예수님, 오늘은 뭐 할까요?", "예수님, 내일 주일인데 어느 교회에 가서 예배드릴까요?" 이런 식으로 계속 함께 하시는 예수님을 의식하며 살았던 경험을 날마다 일기로 남겼습니다. 한 달 뒤, 다시 교회로 복귀했습니다. 이 경험을 통해 당장 특별한 변화가 있었던 것은 아니었습니다. 그러나 단 하나, 예수님이 나와 함께 계신다는 사실이 분명하게 믿어졌습니다. 예수님의 함께하심이 믿어지니 모든 것이 달라졌습니다. 안식

월이 끝나가도 무엇을 해야 한다는 초조함, 이뤄야 한다는 불안, 아쉬움, 두려움이 없어졌습니다. 당장 담임목사직을 내려놓는다고 해도 아무 문제가 안 될 만큼 마음엔 행복함으로 가득했습니다.

그래서 이 실험을 성도님들과 함께하기 시작했습니다. 그 후로 '예수님과 동행하는 일기'를 쓰는 많은 성도님이 놀라운 변화를 맞이했습니다. 이렇게 시작된 것이 예수동행일기 훈련입니다.

〈기록〉 예수님과 나의 동행, 일기로 쓰기

왜 꼭 일기로 기록해야 하냐고 물을 수 있습니다. 그런 경우에는 일기가 숙제, 억지로 하는 것이라는 부정적인 경험으로 남아있기 때문입니다. 하지만 일기라는 기록으로 우리의 하루를 남길 때는 분명한 유익이 있습니다. 기록하기 위해 우리는 하루를 돌아보게 되고, 그 경험을 통해 다음날을 살아갈 힘을 얻게 됩니다. 그리고 기록으로 남기지 않는 것은 곧 잊히고 사라지게 되지만, 기록한 것은 사라지지 않고 남아 소중한 성장의 증거가 됩니다.

'예수동행일기'는 하루 동안 나의 일과를 돌아보며 얼마나 예수님을 의식하고 지냈는지 기록하는 것입니다. 아침에 눈뜰 때부터 잠자리에 들 때까지 예수님을 얼마나 생각했는지, 예수님을 잊고 지낸 시간은 없었는지, 하루를 돌아보며 씁니다. 이것은 다음 날 예수님을 생각하며 사는 데 엄청난 도움이 됩니다. 그리고 이 일기는 나 혼자 쓰기보다는 친구, 가족, 동역자와 함께 소그룹을 만들어 서로 나누면서 응원하고 격려하며 한 공동체로 세워질 수 있습니다. 여러분도 '예수동행일기' 훈련을 통해 예수님과 친밀한 동행을 경험해 보시기 바랍니다.

• 예수동행일기 웹사이트
www.jwj.kr

• 예수동행일기 앱 다운받기

안드로이드　　　　　　　애플

내 양은 내 음성을 들으며
나는 그들을 알며
그들은 나를 따르느니라

요한복음 10장 27절

CHAPTER 6
목자의 음성

01

진짜 하나님이
말씀하신다고?

SELF- CHECK LIST

 ☐ 예습　　 ☐ 암송　　 ☐ 동행일기　　 ☐ 기도　　 ☐ 말씀묵상

주제 말씀을 암송하며 빈칸을 채워보세요.

내 음성을 들으며 나는 그들을 알며 그들은 나를 따르느니라 (요한복음 10장 27절)

지난 5단원에서 성령충만의 핵심은 순종의 결단에 있다는 것을 배웠습니다. 하나님의 말씀에 순종하는 것은 그리스도인에게 중요한 태도입니다. 순종하겠다고 결단해도, 하나님의 말씀을 듣지 못한다면 순종할 수 없습니다. 그러나 예수님을 믿는 많은 청소년이 자신은 하나님의 말씀을 들어 본 적이 없다고 말합니다.

 Q.1

어떤 사람이 하나님의 음성을 들을 수 있나요?

성경에는 하나님의 음성을 들은 사람도 나오고 대화를 한 사람들의 이야기도 나옵니다. 하나님은 아브라함에게도, 모세에게도, 엘리야 선지자에게도 말씀하셨습니다. 사도 바울은 다메섹으로 가는 도중에 하늘로부터 "사울아 사울아 네가 어찌하여 나를 박해하느냐?"라는 음성을 듣고 회심합니다. 그러나 우리는 이런 이야기들이 단지 성경에만 나오는 일이라고 생각합니다. 하나님의 음성을 듣는 일은, 기도도 많이 하고 특별한 은사를 가진 사역자에게나 일어나는 일이라고 생각합니다.

그러나 그리스도인이 하나님의 음성을 듣는 것은 결코 이상한 일이 아닙니다. 아주 자연스러운 일입니다. 그리스도인이 하나님의 음성을 듣지 못한다는 것이 더 이상한 일입니다.

목소리 구별 영국의 중보기도 사역자인 리즈 하월즈Rees Howells의 이야기입니다. 한 젊은 그리스도인이 하월즈에게 하나님의 목소리를 어떻게 알아들을 수 있냐고 물었습니다. 그러자 하월즈는 청년에게 이렇게 되물었습니다.

"당신은 어머니의 목소리와 다른 사람들의 목소리를 구별할 수 있습니까?"

그러자 청년은 당연히 구별할 수 있다고 대답했습니다. 하월즈는 청년을 향해 천천히 그리고 분명하게 말했습니다.

"당신이 어머니의 목소리를 알아듣는 것 같이, 나도 하나님의 목소리를 알아듣습니다."

성령님은 예수님을 영접하고 구원받은 사람들에게 오셨습니다. 우리는 3단원에서 성령님이 우리 안에 계신 증거에 대해서도 명확하게 배웠습니다. 그런데 예수님은 왜 우리 마음 가운데 오셨을까요?

예를 들어, 학교 선생님께서 여러분의 집에 오셨다고 생각해 봅시다. 그런데 선생님은 집에 오셔서 3시간이 넘게 아무 말씀도 없으신 채 소파에만 앉아계시다가 다시 돌아가셨습니다. 여러분은 정말 이상한 일이라고 생각할 것입니다. 그런데 우리는 성령님이 내 마음에 오셔서 아무 말씀도 하지 않고 계시는 것에 대해서는 이상하게 생각하지 않습니다.

성경은 목자이신 예수님의 음성을 자녀가 들을 수 있다고 말합니다. 그러나 많은 그리스도인이 예수님의 음성을 들어본 경험이 없습니다. 그렇기 때문에 예수님께 물어보지도 않고 들으려고 하지도 않습니다. 이것이 우리의 문제입니다.

음성을 듣는 연습 어느 교회에서는 여름마다 수련회 활동으로 학생들이 조를 이루어 마을 곳곳을 전도했습니다. 전도 여행을 준비할 때 가장 강조했던 것은 예수님께 물어보는 것이었습니다. 전도보다 어디로 가서 전도해야 할지, 또 어떻게 전도해야 할지 예수님께 방법을 구체적으로 물어보라고 가르쳤습니다.

학생들은 전도 중에 갈림길이 나오면 그 앞에서 둥글게 모여 기도했습니다. "예수님, 왼쪽으로 가야 할까요? 오른쪽으로 가야 할까요? 우리 모두에게 동일하게 말씀해주세요."라고 기도한 후에 예수님께서 마음에 들게 하신 생각들을 나눴습니다. 어떤 학생은 오른쪽으로 가라고 말씀하셨다 합니다. 또 어떤 학생은 왼쪽으로 가라고 말씀하셨다 합니다. 그러면 학생들은 예수님께서 모두에게 주시는 같은 음성을 들을 수 있게 해 달라고 다시 기도했습니다. 그리고 마음이 일치될 때 발걸음을 옮겼습니다. 전도 대상자를 만났을 때도 동일합니다. "예수님, 어떤 방법으로 복음을 전하면 좋을까요?"라고 물으며 전도합니다. 그러면 예수님께서 정확하고 놀랍게 일하시는 것들을 반드시 보게 되었습니다.

신발을 사려고 결심하면 지나다니는 사람의 신발을 눈여겨봅니다. 스마트폰을 사려고 결심하면 친구들이 들고 다니는 스마트폰을 유심히 봅니다. 관심을 가지면 자연스럽게 집중하게 됩니다. 마찬가지입니다. 예수님께 집중하면 예수님께서 말씀하시는 것을 깨닫게 됩니다. 마치 라디오를 켜고 특정한 주파수를 맞추면 방송을 들을 수 있는 것과 같습니다. 우리에게 필요한 일은 예수님께 주파수를 맞추는 것입니다. 그러면 예수님께서 우리에게 하시는 말씀을 들을 수 있습니다.

Q.3

예수님께서 말씀하시는 것을 들어본 적이 있나요? 들어본 경험이 있다면 쓰고 나누어 보세요.

02

순종할 때 들리는 음성

SELF- CHECK LIST

 ☐예습　　 ☐암송　　 ☐동행일기　　 ☐기도　　 ☐말씀묵상

주제 말씀을 암송하며 빈칸을 채워보세요.

　　　내 음성을 들으며 나는 그들을 알며 그들은 　　　　　　　(요한복음 10장 27절)

많은 청소년이 하나님의 음성을 듣고 싶어 합니다. 하나님의 음성을 어떻게 들을 수 있 냐고 묻습니다. 하나님의 음성을 듣기 위해서는 먼저 하나님께 주파수를 맞춰야 합니 다. 주파수를 맞추는 방법은 하나님의 말씀에 순종하겠다고 결단하는 것입니다.

순종의 결단이 무엇인지 사무엘상 3장 1-14절 말씀을 통해 생각해 봅시다.

¹ 아이 사무엘이 엘리 앞에서 여호와를 섬길 때에는 여호와의 말씀이 희귀하여 이상이 흔 히 보이지 않았더라 ² 엘리의 눈이 점점 어두워 가서 잘 보지 못하는 그 때에 그가 자기 처 소에 누웠고 ³ 하나님의 등불은 아직 꺼지지 아니하였으며 사무엘은 하나님의 궤 있는 여 호와의 전 안에 누웠더니 ⁴ 여호와께서 사무엘을 부르시는지라 그가 대답하되 내가 여기 있나이다 하고 ⁵ 엘리에게로 달려가서 이르되 당신이 나를 부르셨기로 내가 여기 있나이 다 하니 그가 이르되 나는 부르지 아니하였으니 다시 누우라 하는지라 그가 가서 누웠더니 ⁶ 여호와께서 다시 사무엘을 부르시는지라 사무엘이 일어나 엘리에게로 가서 이르되 당신 이 나를 부르셨기로 내가 여기 있나이다 하니 그가 대답하되 내 아들아 내가 부르지 아니 하였으니 다시 누우라 하니라 ⁷ 사무엘이 아직 여호와를 알지 못하고 여호와의 말씀도 아

직 그에게 나타나지 아니한 때라 ⁸ 여호와께서 세 번째 사무엘을 부르시는지라 그가 일어나 엘리에게로 가서 이르되 당신이 나를 부르셨기로 내가 여기 있나이다 하니 엘리가 여호와께서 이 아이를 부르신 줄을 깨닫고 ⁹ 엘리가 사무엘에게 이르되 가서 누웠다가 그가 너를 부르시거든 네가 말하기를 여호와여 말씀하옵소서 주의 종이 듣겠나이다 하라 하니 이에 사무엘이 가서 자기 처소에 누우니라 ¹⁰ 여호와께서 임하여 서서 전과 같이 사무엘아 사무엘아 부르시는지라 사무엘이 이르되 말씀하옵소서 주의 종이 듣겠나이다 하니 ¹¹ 여호와께서 사무엘에게 이르시되 보라 내가 이스라엘 중에 한 일을 행하리니 그것을 듣는 자마다 두 귀가 울리리라 ¹² 내가 엘리의 집에 대하여 말한 것을 처음부터 끝까지 그 날에 그에게 다 이루리라 ¹³ 내가 그의 집을 영원토록 심판하겠다고 그에게 말한 것은 그가 아는 죄악 때문이니 이는 그가 자기의 아들들이 저주를 자청하되 금하지 아니하였음이니라 ¹⁴ 그러므로 내가 엘리의 집에 대하여 맹세하기를 엘리 집의 죄악은 제물로나 예물로나 영원히 속죄함을 받지 못하리라 하였노라 하셨더라

Q.1-1

사무엘이 어릴 때, 이스라엘의 상태는 어땠나요? (1절)

Q.1-2

사무엘이 성전에서 하나님의 음성을 처음 들었을 때 사무엘은 어떻게 생각했나요? (4-5절)

Q.1-3

사무엘은 어떻게 하나님의 음성을 분별해서 들을 수 있게 되었나요? (8-9절)

Q.1-4

엘리는 사무엘에게 여호와께서 부르실 때 어떻게 말하라고 가르쳐 주었나요? (9절)

사무엘상 3장 1-14절은 사무엘이 하나님의 음성을 처음 듣게 된 사건입니다. 사무엘은 어려서부터 성전에서 자랐습니다. 열두 살쯤 되던 어느 날 밤, 성전에서 자던 사무엘은 "사무엘아, 사무엘아!" 하고 부르는 소리를 들었습니다. 사무엘은 엘리 제사장이 부르는 것으로 생각하고 엘리 제사장에게로 달려갔습니다. 그런데 엘리 제사장은 사무엘을 부르지 않았었습니다. 그 이후로 세 번이나 같은 일이 반복되었습니다. 엘리 제사장은 사무엘을 부르는 음성이 하나님이라고 확신했습니다. 그래서 엘리 제사장은 사무엘에게 이제 다시 너를 부르는 소리가 있거든 그 자리에서 무릎을 꿇고 "여호와여 말씀하옵소서. 주의 종이 듣겠나이다."라고 말하라고 지시했습니다. 이 말은 단지 귀로 듣겠다는 말씀이 아니라 순종하겠다는 결단을 의미합니다.

엘리 제사장은 사무엘에게 "여호와여, 원하는 대로 말씀하소서. 제가 할 수 있는 것이면 듣겠습니다."라고 조건이 달린 순종을 가르치지 않았습니다. 아무런 조건 없이 무엇이든 말씀하시면 순종하겠다고 말하도록 가르쳤습니다. 이것이 성경적인 순종의 결단입니다. 사무엘은 이런 과정을 통해 하나님의 음성을 들을 수 있게 되었습니다.

많은 청소년이 하나님의 음성을 듣고 싶다고 하면서도 들리지 않는다거나 듣지 못했다고 합니다. 그 이유는 성경적인 순종의 결단이 없기 때문일 수 있습니다.

주님의 음성을 듣는다는 것   한 학생이 진로 문제로 전도사님을 찾아갔습니다. 그 학생은 평소에도 하나님께서 자신을 사용해 주시기를 기도하던 학생이었고 수련회에서 북한선교에 대한 마음도 받았습니다. 학생은 고등학생이 되면 어느 과를 선택하면 좋을지 기도했습니다. 아무리 기도해도 하나님의 음성이 들리지 않자, 답답한 마음에 상담을 요청한 것이었습니다. 전도사님은 학생과 대화를 나누면서 한 가지를 발견했습니다.

그것은 학생 마음 깊은 곳에는 이미 예전부터 가고 싶은 과가 정해져 있었던 것입니다. 북한선교를 하겠다고 했지만 사실 마음 깊은 곳에서는 국어 선생님의 꿈을 포기하기 어려웠던 것입니다. 하나님께서 전혀 생각지도 못했던 학과를 선택하라고 하실까 봐 두려운 마음이 있었던 겁니다. 전도사님은 학생에게 "하나님은 좋은 분이시니 두려워하지 말고 기도해보자"라고 권면했습니다. 전도사님은 내 계획을 다 써놓고 하나님께 사인만 해달라고 내밀어서는 하나님의 음성을 들을 수 없다고 했습니다. 용기를 내어 백지장을 들고 가서 "하나님께서 원하시는 것이 무엇이든지 그대로 순종하겠습니다."라는 순종의 결단을 해 보자고 했습니다. 학생은 그 이후로도 며칠 동안 순종의 결단을 하지 못했습니다. 몇 주가 지난 후, 학생은 밝은 표정으로 전도사님을 다시 찾아와 이렇게 말했습니다.

"전도사님, 백지장을 들고 나가는 것은 정말 두려웠어요. 그런데 제가 어느 학과든지 순종하겠다고 말씀드렸을 때, 하나님은 어느 과를 가든지 상관없이 저를 북한선교에 사용해 주시겠다고 하셨어요."

실제로 이 학생은 관련학과 교직과정을 이수하고 새터민을 위한 학교(북한에서 탈출한 사람들이 낯선 남한 사회에서 정착할 수 있도록 도와주는 학교) 교사가 되는 것을 목표로 준비했습니다.

혹시 하나님 앞에 나아갈 때 한 손에는 Yes 카드, 다른 한 손에는 No 카드를 들고 있지 않나요? 하나님께서 내가 원하는 것을 말씀하셨을 때는 Yes 카드를 내밀고, 부담스러운 것을 말씀하셨을 때는 No 카드를 내밀 준비를 하고 있지 않나요? 성경적인 순종의 결단은 Yes 카드만 가지고 있는 것입니다. 주님께서 무엇을 말씀하시든지 "주님. 말씀하세요. 제가 듣고 무조건 Yes 하겠습니다." 하는 결단입니다. 이 결단만 있으면 하나님의 음성을 잘 들을 수 있습니다.

Q.2

하나님의 음성 앞에 무조건 Yes 카드를 보여드릴 준비가 되었나요? 만약 그렇지 않다면 왜 그런지 쓰고 나누어 보세요.

03

마음과 생각 지키기

SELF- CHECK LIST

☐ 예습   ☐ 암송   ☐ 동행일기   ☐ 기도   ☐ 말씀묵상

주제 말씀을 암송하며 빈칸을 채워보세요.

내 음성을 들으며 나는 그들을 알며 그들은   (   )

청소년들은 간혹 하나님의 음성을 동화에서 나오는 산신령 목소리처럼 생각합니다. 마치 자욱한 흰 연기 속에서 울리는 소리로 "금도끼가 네 것이냐으냐으냐… 은도끼가 네 것이냐으냐으냐…" 이렇게 들리리라 생각합니다. 그러나 하나님의 음성을 이렇게 육성을 통해서 듣는 경우는 매우 드뭅니다. 그렇다면 어떻게 하나님의 음성을 들을 수 있을까요?

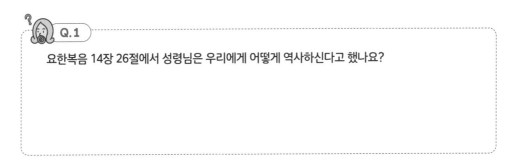

Q.1

요한복음 14장 26절에서 성령님은 우리에게 어떻게 역사하신다고 했나요?

요한복음 14장 26절은 '성령님은 예수님께서 모든 것을 가르치시고 생각나게 하실 것'이라고 말합니다. 하나님의 음성은 '생각나게 하는 것'입니다. 하나님께서는 우리 귀

에 대고 말씀하시는 것이 아니라, 성령님께서 우리 마음 안에 생각나게 하십니다.

'양심의 소리'라는 말을 들어본 적이 있을 것입니다. 예를 들어, 한 학생이 체육 시간인데 체육복을 가져오지 못했습니다. 그래서 친구의 체육복을 빌리려 했습니다. 그런데 친구가 자리에 없어서 책상에 있던 친구의 체육복을 그냥 가져갔습니다. 그런데 체육복이 학생의 부주의로 찢어지고 말았습니다. 학생은 '친구에게 솔직히 말해야 할까?, 말까?' 이런 생각을 합니다. 양심의 소리는 '솔직히 말해야 한다.'라고 알려줍니다.

이때 이 양심의 소리는 어떻게 들리나요? 마치 옆에서 말하듯이 명확하게 귀에 들리나요? 아닙니다. 생각이 마음에 떠오르는 것입니다. 하나님의 음성도 이와 마찬가지입니다. 그러나 모든 '양심의 소리'가 하나님의 음성은 아닙니다. 예를 들어, 주일 예배에 빠지고 피시방에 갔을 때 '이러면 안 되는데…' 라는 마음이 드는 것은 양심의 소리와는 다릅니다. 이것은 하나님을 기쁘시게 하지 못했을 때 그리스도인의 마음에만 떠오르는 생각이기 때문입니다.

Q.2

잠언 4장 23절을 써 보세요.

성경은 모든 지킬 만한 것보다 마음을 지키는 것이 더 중요하다고 말합니다. 생명의 근원이 마음에 있다고 합니다. 마음을 지키는 것이 왜 중요할까요? 마음은 하나님께서 말씀하시는 통로이기 때문입니다. 하나님께서는 마음의 생각을 통해 말씀하시기 때문입니다. 그렇다면 우리는 어떻게 마음을 지킬 수 있을까요?

Q.3

1분 동안 생각을 멈춰본 뒤에, 드는 생각들을 써 보세요.

1분 동안 생각을 멈추셨나요? "생각하지 말아야지."라고 마음먹는 순간 이미 여러분은 생각한 겁니다. 이처럼 생각은 내 마음대로 멈출 수 없습니다. 심지어 의식은 잘 때도 계속됩니다. 그래서 꿈이라는 무의식의 생각을 계속 하게 되는 것입니다. 우리 마음대로 생각을 멈출 수 없다면 우리가 해야 하는 일은 의도적으로 우리의 생각을 예수님께 집중하도록 힘쓰는 것입니다.

Q.4

오늘 하루 동안 언제, 얼마나, 무엇 때문에 예수님을 생각했는지 쓰고 나누어 보세요.

우리는 예수님을 믿는다고 하면서도 거의 예수님을 생각하지 않습니다. 예수님 안에 거한다는 것은 계속해서 예수님을 마음에 품고 생각한다는 것입니다. 그래야 우리에게 하시는 말씀을 들을 수 있습니다.

진로를 결정해야 하는 중요한 순간 '주님, 이 대학입니까? 저 대학입니까?'라고 묻는다고 하나님께서 응답해 주시는 것이 아닙니다. 우리는 의식적으로 예수님을 계속 생각해서 우리의 마음을 지켜야 합니다. 이것이 하나님의 음성을 듣는 중요한 방법입니다.

04

마귀의 소리를 차단하라

SELF- CHECK LIST

☐ 예습　　☐ 암송　　☐ 동행일기　　☐ 기도　　☐ 말씀묵상

주제 말씀을 암송하며 빈칸을 채워보세요.

나는 그들을 알며　　　　　(　　　　　)

우리는 하나님께서 생각을 통해 말씀하신다는 사실을 알았습니다. 그런데 모든 생각이 다 하나님이 주시는 생각은 아닙니다. 우리의 머릿속에는 하나님이 주시는 생각 외에 다른 생각들도 있다는 것을 주의해야 합니다.

우리 마음 안에는 세 가지 생각이 있습니다. 하나님이 주시는 생각, 자아의 생각, 사탄의 생각입니다. 하나님이 주시는 생각은 우리가 마음속에 품고 붙잡아야 합니다. 하지만 자아의 생각과 사탄의 생각은 마음속에 품어서는 안 됩니다.

자아의 생각은 보편적으로 내가 마음대로 하고 싶다는 생각입니다. 나의 욕구를 이루려는 생각입니다. 예를 들어, 자신의 성공을 위해서 수단과 방법을 가리지 않겠다고 생각하는 것, 혹은 복수를 꿈꾸는 것 같은 생각들이 자아의 생각입니다. '이 생각은 하나님으로부터 왔는가?'라고 물어보면 하나님으로부터 왔다고 말하기 어려운 생각들입니다. 미워하는 누군가에게 복수를 생각하는 것은 나로부터 온 자아의 생각입니다. 이런 자아의 생각은 나에게 중심이 있습니다. 그래서 내가 하고 싶은 대로, 내가 원하는 대로 생각하게 합니다. 자아의 생각은 우리가 하나님의 뜻에 순종하기 어렵게 만듭니다.

자아의 생각　　　　　　"잘 먹고 잘사는 것이 제일 중요한 것 같습니다. 내가 공부하는 이유는 그냥 좋은 대학에 가기 위해서입니다. 좋은 대학에 가려는 이유는 돈을 더 수월하게 벌 수 있기 때문입니다. 그런데 이런 생각이 나쁜 것은 아니라고 생각합니다. 주변 다른 학생들도 전부 이렇게 살아가기 때문입니다. 돈을 많이 벌어서 조금 더 편하게 살고자 하는 욕구는 누구에게나 당연하게 있는 것 아닌가요?" (고3 여학생)

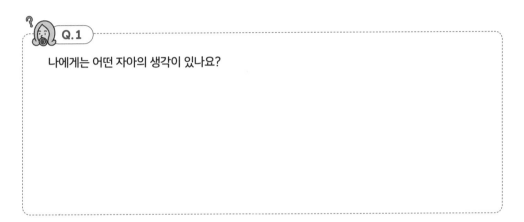

Q.1

나에게는 어떤 자아의 생각이 있나요?

위와 같은 생각이 바로 자아의 생각입니다. 그러나 우리가 자아의 생각보다 더 조심해야 할 생각은 사탄의 생각입니다.

사탄의 생각　　　　　　"저의 삶은 불행했습니다. 부모님은 이혼하셔서 자식들에게는 전혀 관심이 없으셨습니다. 어느새부터 저는 부모님 대신에 친구들에게 애정을 갈구했습니다. 그러나 사소한 오해로 인해 친구들과의 관계가 점점 안 좋아졌습니다. 주변의 상황이 전부 나쁘게 흘러갔습니다. 저는 단지 외롭지 않고 싶었을 뿐인데, 왜 다른 아이들처럼 평범하게 살아갈 수 없는지가 늘 의문이었습니다.

제 이야기를 들어주는 사람이 단 한 명도 없다는 현실이 절망적이었습니다. 선생님도 공부 잘하는 학생의 이야기는 귀 기울여 들었지만, 저는 관심 밖의 사람이었습니다. 제 주변에는 아무도 없다고 느껴졌습니다. 그리고 저는 자살을 결심했습니다." (중2 여학생)

한 여학생의 생각입니다. 이런 생각을 나의 생각이라고 오해하기 쉽지만, 이런 생각은 절대로 자아의 생각이 아닙니다. 자아의 생각은 자신의 욕구를 위해서 반응하기 때문에 '죽어야겠다.'라고 생각하지 않습니다. 그런데 충동적으로 '차라리 죽어 버렸으면 좋겠다.'라고 생각하는 것은 나를 멸망시키려는 사탄으로부터 온 생각입니다.

아주 끔찍하고 폭력적인 생각이 떠오른 적이 있습니까? 아니면 음란하고 야릇한 생각이 떠오른 경험이 있습니까? 슬픈 마음에서 헤어 나오기 어렵고, 아무것도 하기 싫지만 실제로는 내가 슬픈 이유가 무엇인지 정확히 알 수 없던 적이 있습니까? 아니면 '가출하고 싶다.', '죽고 싶다.', '죽이고 싶다.'와 같은 생각을 한 적이 있습니까? 누구나 한 번쯤은 이런 생각을 해본 적이 있을 겁니다.

그러나 이러한 생각은 마귀가 주는 사탄의 생각이기 때문에 매우 위험합니다. 절대 마음에 품어서는 안 됩니다. 예수님의 이름으로 물리쳐야 합니다. 사탄의 생각은 우리를 망하게 합니다.

Q.2

요한복음 13장 2절을 써 보세요.

성경에는 이런 마귀의 소리에 속았던 비참한 사람이 등장합니다. 바로 예수님의 제자였던 가룟 유다입니다. 마귀는 예수님의 제자였던 가룟 유다의 마음에 예수님을 팔려는 생각을 넣었습니다. 그 생각은 가룟 유다의 생각이 아니라 마귀의 생각이었습니다. 그러나 가룟 유다는 마귀로부터 온 생각이라는 것을 알지 못했습니다. 그리고 그것이 자신의 생각인 것처럼 예수님을 은 서른 냥에 팔아버리고 맙니다. 그리고 결국 예수님을 배신했다는 자괴감으로 인해 스스로 목숨을 끊습니다. 아마 가룟 유다의 마음속에는 '너 같은 배신자는 살 가치조차 없어. 차라리 죽어버려.'라는 생각이 들었을 것입니다. 이 생각은 어디로부터 왔을까요? 가룟 유다에게서 온 생각일까요? 아니면 마귀에게서 온 것일까요?

만약에 유다가 하나님의 음성에 귀를 기울였다면 유다는 어떤 음성을 들었을까요? "네가 회개하기만 하면 나는 용서할 거야. 유다야, 나는 여전히 너를 사랑한단다." 하나님은 이렇게 말씀하셨을 것입니다. 유다는 마귀가 주는 생각에 완전히 속은 것입니다.

마찬가지로 우리도 마음에 아무 생각이나 하면 안 됩니다. 그러나 우리는 우리 마음에 드는 생각을 방치합니다. 아무 생각이나 하면서 그것이 위험한 생각인지도 모릅니다. 만약 여러분의 집에 미친개 한 마리가 있다면 어떻게 하겠습니까? 그냥 지켜보겠습니까? 그럴 수 없습니다. 우리의 마음도 마찬가지입니다. 우리 마음에 사탄이 준 생각이 있다면 물리쳐야 합니다. 종교개혁가 마틴 루터가 아래와 같은 말을 했습니다.

"새가 당신의 머리 위로 날아가는 것을 막을 수는 없지만 당신 머리 위에 둥지를 트는 것은 막을 수 있다."

이 말은 우리에게 생각이 들어오는 것은 어쩔 수 없지만, 그 생각을 품으면 안 된다는 것입니다. 마귀가 우리에게 생각을 넣어줄 때, 우리는 그 생각을 바로 떨쳐 버려야 합니다.

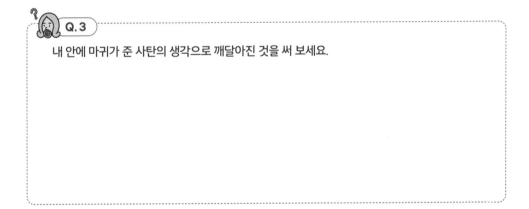

Q.3

내 안에 마귀가 준 사탄의 생각으로 깨달아진 것을 써 보세요.

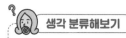

생각 분류해보기

아래의 생각들이 어디로부터 온 생각인지 분류해보세요.

	하나님	나	사탄
• 수업 시간에 자고 싶다는 생각			
• 좋은 대학교에 입학하고 싶다는 생각			
• 배가 고프니 밥을 먹어야겠다는 생각			
• 공부 못하는 친구와 친하게 지내지 말아야겠다는 생각			
• 잘생기고 예쁜 친구들만 친하게 지내고 싶다는 생각			
• 무거운 짐을 들고 가시는 할아버지, 할머니를 도와드리고 싶다는 생각	·		
• 예배 중 찬양 시간에 일어나 손을 들고 찬양하고 싶다는 생각			
• 예배 중 설교 시간이 빨리 끝났으면 좋겠다는 생각			
• 왕따당하는 친구를 위로해 주고 싶다는 생각			
• 이 세상에서 내 편은 아무도 없다는 생각			
• 죽어 버리고 싶다는 생각			

 Q. 4

그렇게 분류한 이유가 무엇인지 쓰고 나누어 보세요.

05

하나님의 음성을
잘 들으려면

SELF- CHECK LIST

☐ 예습   ☐ 암송   ☐ 동행일기   ☐ 기도   ☐ 말씀묵상

주제 말씀을 암송하며 빈칸을 채워보세요

(   )

하나님은 우리에게 늘 말씀하십니다. 그렇다면 어떻게 하나님의 말씀을 잘 들을 수 있는지 구체적인 방법을 살펴 봅시다.

첫째, 성경을 많이 읽고 묵상해야 합니다. 하나님의 음성은 이미 기록된 성경을 통해서 들을 수 있습니다. 국기를 보고 어느 나라인지 아는 것처럼, 성경을 보면 성령님께서 주신 마음인지 알 수 있습니다.

Q.1

히브리서 4장 12절을 써 보세요.

하나님의 말씀은 혼, 영, 관절과 골수를 찔러 쪼갠다고 합니다. 여기서 혼은 우리 자

아의 생각이고, 영은 성령의 생각이고, 관절과 골수는 육의 생각입니다. 즉 마귀가 주는 생각의 통로입니다. 말씀이 우리 안에 들어오면 우리의 생각을 찔러 쪼갭니다. 생각이 분별된다는 것입니다. 그래서 우리의 생각이 나의 생각인지, 마귀의 생각인지, 주님이 주신 생각인지 분별하여 알 수 있습니다.

주님의 음성은 말씀으로부터

"어느 날 새벽에 기도하는데 같은 죄 때문에 반복적으로 회개하는 문제로 마음이 너무나 무거웠습니다. '이번에는 용서해 주시지 않을 거야.'라는 생각이 들었습니다. 이렇게 용서의 확신을 갖지 못해 고민할 때, 갑자기 마음에 '일곱 번뿐 아니라 일곱 번을 일흔 번까지라도'라는 말씀이 생각났습니다. 마태복음 18장 22절의 말씀을 통해 하나님이 나의 죄를 용서하셨음을 깨닫게 하셨고, 그 죄에서 완전히 이기게 해주셨습니다." (고2 남학생)

하나님은 다양하게 말씀하십니다. 성령님은 말씀묵상 중에 깨달음을 주실 때도 있고, 설교를 통해서 말씀하시기도 합니다. 또는 신앙서적 속에 있는 말씀이 와 닿을 때도 있습니다. 여러 방법으로 말씀하시는 하나님의 음성을 잘 듣기 위해서는 꾸준히 말씀을 읽고, 말씀과 친해지기를 힘써야 합니다.

둘째, 꾸준히 기도해야 합니다. 성경의 많은 인물은 기도할 때 하나님의 음성을 들었습니다. 신약의 대표적인 예로 사도행전에 등장하는 바울을 볼 수 있습니다.

Q.2

사도행전 16장 9-10절을 써 보세요.

바울은 예수님을 만난 후에, 삶이 완전히 변화된 사람입니다. 그는 열정을 가지고 곳곳에 복음을 전했습니다. 그는 아시아로 가서 복음을 전하려고 계획하고 있었습니다. 하지만 기도 중에 환상을 보았고 아시아가 아닌 유럽(당시 마게도냐)으로 가서 복음을 전하라는 주님의 음성을 듣게 됩니다. 주의 음성에 순종함으로 아시아로 가려던 계획을 취소하고 유럽으로 가서 복음을 전하게 됩니다. 이처럼 주님은 우리가 기도할 때 말씀하십니다. 그러므로 기도할 때도 듣는 자세가 필요합니다. 기도 중에 주시는 생각을 기록하는 것도 좋은 습관입니다. 주님은 우리가 기도하는 중에 많은 것을 말씀하시기 때문입니다.

셋째, 환경을 주목해 봐야 합니다. 말씀과 기도 생활에 힘쓰면 성령님은 상황에 따라 우리에게 개인적이고 구체적인 말씀을 주십니다. 그것을 '레마의 말씀'이라고 합니다. '주님이 나에게 주신 말씀'이라는 뜻입니다. 우리의 마음이 주님을 향해 있을 때는 부모님 혹은 교회 사역자나 선생님과의 대화, 꿈, 환상, 뉴스, 심지어 TV를 통해서도 하나님의 음성을 듣게 됩니다.

주님의 음성 1　　　19세기 말 중국 선교사였던 엘리자벳 자일러는 소녀 시절에 선교사로 부르심을 받았습니다. 그녀는 선교사로 나갈 모든 준비를 마치고 마지막 테스트를 받는 과정에서 큰 병이 들었습니다. 면접관들은 자일러의 모습을 보고 하루 동안 휴식을 취한 후에 면접을 보는 것이 좋겠다고 하며 다락방으로 인도했습니다.

자일러는 다락방으로 올라가면서 절박한 심정으로 기도했습니다. '하나님, 정말 저를 선교사로 부르신 것이라면 지금 저와 함께 계심을 알게 해주세요.' 자일러가 다락방에 올라가서 문을 열자 창문 위에 조그만 액자가 하나 걸려 있었습니다. 그 액자에는 다음과 같은 글이 적혀 있었습니다. '함께 가자!' 그것은 하나님께서 자일러와 동행하신다는 놀라운 확인이었고 응답이었습니다. 그리고 그 순간 자일러는 병이 깨끗하게 나았습니다.

주님의 음성 2

열여섯 살 학생의 이야기입니다. 학생의 어머니는 학생이 항상 눈 화장을 짙게 한다며 잔소리했습니다. 하지만 학생은 화장이 짙지 않다고 생각했습니다. 모녀의 다툼은 끊이지 않았습니다. 어느 날 여학생이 교회에서 말씀을 듣던 중에 우리 인생의 모든 문제를 해결할 수 있는 해답이 성경에 있다는 말을 들었습니다. 학생은 설교를 듣던 중에, 그것을 믿음으로 붙들었고 하나님께 물었습니다. "좋아요. 하나님, 제가 배운 대로 한번 해볼게요. 제가 눈 화장을 너무 짙게 하는 건가요?" 그러자 학생은 즉각적으로 말씀 한 구절이 떠올랐습니다. '예레미야 4장 30절' 그리고 바로 성경을 펴서 그 말씀을 읽어보았는데 놀랍게도 이런 말씀이 적혀 있었습니다.

"네가… 눈을 그려 꾸밀지라도 네가 화장한 것이 헛된 일이라 연인들이 너를 멸시하여 네 생명을 찾느니라." 그 학생은 너무 놀랐습니다. 그리고 그동안 잔소리로만 여겼던 어머니의 말씀에 하나님께서 순종하라고 하시는 것을 깨닫고 집으로 돌아가 어머니께 사과하겠노라 다짐했습니다.

하나님의 음성을 듣는 것에 주의해야 할 점이 있습니다. 내가 들은 것이 하나님의 음성인지 아닌지를 분별할 수 있어야 합니다. 분별할 때는 먼저, 들은 음성이 성경적인지 확인해야 합니다. 가장 정확한 하나님의 뜻은 기록된 하나님의 말씀이기 때문입니다. 그리고 가정이나 교회에서 하나됨을 깨뜨리지 않는지 확인합니다. 성령님은 공동체 안에서 하나의 생각을 주시기 때문에 다른 사람이 반대할 때는 기다리라는 것일 수 있습니다. 그래도 모르겠다면 교회 목사님이나 전도사님께 분별을 점검받아야 합니다.

혹시 하나님의 말씀을 잘못 들었거나 실수했다고 해도 크게 당황하지 않아도 됩니다. 하나님은 우리가 실수해도 회복시키시고, 계속해서 주님을 구할 때 선한 길로 인도하시기 때문입니다. 우리가 끝까지 버리지 말아야 할 믿음은 하나님은 신실하시고 실수가 없으신 분이라는 믿음입니다.

Q.3

하나님의 음성을 잘 듣기 위해 내가 할 일은 무엇인지 쓰고 나누어 보세요.

Q.4

내가 한 주간 들은 하나님의 음성을 써 보세요.

소그룹 나눔

마음 열기

1. 지난 한 주를 어떻게 보냈나요? 돌아가면서 반원들과 나누어 보세요.

2. 시작기도를 하고 본격적인 소그룹 나눔을 시작합니다.

기초 다지기

1. **지난 단원을 복습해 봅시다.**

    a. 우리에게 필요한 것은?

    b. 성령충만을 받기 위해 우리가 해야 할 것은?

    c. 하나님은 우리에게 뺏어가는 분? 가장 좋은 것을 주시는 분?

    d. 그분께 우리가 할 수 있는 것은?

2. **지난주 출석과 예습, 암송, 예수동행일기, 기도, 말씀묵상을 충실히 했는지 같이 점검해 봅니다.**

3. **성경 암송 과제를 함께 암송합니다.** 암송 구절: 요한복음 10장 27절

나 눔

01 진짜 하나님이 말씀하신다고? (P.23)

Q. 예수님께서 말씀하시는 것을 들어본 적이 있나요? 들어본 경험이 있다면 쓰고 나누어 보세요.

02 순종할 때 들리는 음성 (P.28)

Q. 하나님의 음성 앞에 무조건 Yes카드를 보여드릴 준비가 되었나요? 만약 그렇지 않다면 왜 그런지 쓰고 나누어 보세요.

03 마음과 생각 지키기 (P.31)

Q. 오늘 하루 동안 예수님은 언제, 얼마나, 무엇 때문에 예수님을 생각했는지 쓰고 나누어 보세요.

04 마귀의 소리를 차단하라 (P.35)

Q. 내 안에 마귀가 준 사탄의 생각으로 깨달아진 것을 써 보세요.

05 하나님의 음성을 잘 들으려면 (P.41)

Q. 내가 한 주간 들은 하나님의 음성을 써 보세요.

마무리

1. 친구들에게 자신의 기도제목을 나눕니다. 자신과 다른 친구들의 기도제목을 이곳에 적어봅시다.

2. 다음 주 성경 암송 구절: **히브리서 9장 27절**

   한 번 죽는 것은 사람에게 정해진 것이요 그 후에는 심판이 있으리니

3. 7단원에서 유언장을 작성해야 합니다. 가족에게 유언장을 작성해보세요.

한 번 죽는 것은
사람에게 정해진 것이요
그 후에는
심판이 있으리니
히브리서 9장 27절

CHAPTER 7

소망으로 사는 사람

죽음을 내다보는 눈

SELF- CHECK LIST

🧑‍🦰 ☐ 예습　　🧑‍🦱 ☐ 암송　　📱 ☐ 동행일기　　✋ ☐ 기도　　📖 ☐ 말씀묵상

주제 말씀을 암송하며 빈칸을 채워보세요.

사람에게 정해진 것이요 그 후에는 심판이 있으리니 (히브리서 9장 27절)

청소년 시기에는 죽음에 대해서 잘 생각해 볼 기회가 없습니다. 나이도 어리고 죽음은 아주 먼 미래의 일이라고 생각하기 때문입니다. 죽음은 그저 할머니, 할아버지들에게나 중요한 주제라고 생각합니다. 그러나 그리스도인들은 자신의 죽음을 내다보는 눈이 열려 있어야 합니다. 그래야 우리에게 무엇이 소중한 것인지 깨닫기 때문입니다.

Q.1

누가복음 12:16-20에 나오는 부자가 어리석은 이유는 무엇인가요?

진짜 지혜는 죽음을 보는 순간 생깁니다. 우리가 결국 죽는 존재라는 사실만 바로 알아도 인생은 달라집니다. 그렇기 때문에 죽음을 내다보지 못하면 어리석은 삶을 살 수밖에 없습니다.

죽음의 순간 1 2014년 4월 16일 안산 단원고등학교 학생들이 탔던 세월호가 진도 부근에서 침몰했습니다. 300여 명이 넘는 사람이 목숨을 잃은 가슴 아픈 사고였습니다. 그 마지막 순간에 희생자들이 보낸 마지막 메시지, 통화, 영상의 내용은 모두 비슷했습니다.

"엄마, 아빠 고마워요. 사랑해요.", "그동안 못 해줘서 미안해.", "출발 전에 화내서 미안해."

어느 누구도 공부를 잘해야 한다거나, 좋은 대학을 가야 한다거나, 혹은 새 스마트폰을 사야 한다는 이야기를 한 사람은 단 한 명도 없었습니다. 죽음을 앞에 둔 사람에게 그것은 중요한 것이 아니었기 때문입니다.

죽음의 순간 2 서울 용미리와 벽제 납골당에는 필기대가 있습니다. 그곳에는 사랑하는 사람을 먼저 떠나보낸 유족들의 편지가 기록되어 있습니다. 편지의 일부가 《눈물의 편지》라는 책으로 나왔습니다.

"당신에 대한 미움 같은 것 이제는 다 없어졌어요. 당신을 미워했던 것, 하나님 앞에 모두 다 속죄하며 살아갈 거예요."

"당신이 떠나기 전 2개월, 그동안 내가 당신에게 했던 모진 말들 때문에 지금 내 마음은 병이 들었어요. 그러나 사실 나는 마음속 깊이 당신을 사랑했어요."

"지훈아, 정말 미안하다. 너의 생전에 따뜻하게 못 해준 것이 못내 가슴에 걸리는구나. 네가 한 말, 아버지처럼 안 살겠다고 하던 너의 그 말, 영영 지워지지 않는구나."

"아빠, 내가 정말로 아빠에게 하고 싶은 말이 뭔 줄 알아? 아빠를 정말 사랑한다는 말이에요. 그래서 더 미안해요. 한 번도 이런 말 하지 못하고 그렇게 보내드려서 너무 미안해요."

오늘이 나에게 주어진 마지막 날이라고 생각해 봅시다. 가족들에게 뭐라고 유언을 남길건가요?

죽음에 이르러서야 소중하고 가치 있는 것을 깨닫는 것이 얼마나 안타까운 일인지 모릅니다. 그리스도인이라면 청소년일지라도 평소에 죽음을 내다보는 눈을 가져야 합니다. 그래야 후회하지 않는 삶을 살 수 있습니다. 이것이 소망에 눈을 뜨는 것입니다.

Q.2

히브리서 9장 27절은 "한 번 죽는 것은 사람에게 정해진 것이요 그 후에는 심판이 있으리니"라고 말합니다. 나는 마땅히 다가올 죽음을 어떤 모습으로 맞이하시겠습니까?

지옥으로 간다　　　　프랑스 철학자 볼테르^{Voltaire}는 "하나님, 천국, 지옥 등 인간의 이성으로 이해할 수 없는 것은 존재하지 않는다."라고 주장했습니다. 그러나 그는 죽는 순간에 "나는 이제 지옥으로 간다."라고 소리치며 죽었습니다.

나그네의 인생　　　　세월호 사건으로 아들을 잃은 한 아버지가 하나님께 이렇게 기도했습니다. "요나가 고기 배 속에서 하나님의 계획을 깨닫고 회개하고 나온 것처럼 돌아와도 감사하고 그리 아니할지라도 정민이가 하나님의 자녀로서 구원받은 것에 감사합니다. 이번 일을 통하여 모든 백성의 생사화복이 하나님께 있음을 항상 고백하고 우리의 생명이 영원하지 않음을 깨닫습니다. 짧은 나그네 인생, 하나님의 계획 속에서 말씀과 기도와 오직 예수 복음으로 전도자의 삶을 살기를 기도합니다."

나는 죽음 앞에서 구원받은 자녀라고 고백할 수 있나요? 나에게 죽음이 임박했을 때, 나는 어떤 모습일지 쓰고 나누어 보세요.

02

천국을 바라보는 눈

SELF- CHECK LIST

☐ 예습　　☐ 암송　　☐ 동행일기　　☐ 기도　　☐ 말씀묵상

주제 말씀을 암송하며 빈칸을 채워보세요.

사람에게 정해진 것이요 그 후에는　　　　　　(히브리서 9장 27절)

죽음 이후에는 하나님의 심판이 있습니다. 이 심판을 통해 어떤 사람은 영원한 고통의 불못인 지옥에 가고, 어떤 사람은 영원한 기쁨이 있는 천국에 가게 됩니다.

Q.1

마가복음 9장 47-48절을 써 보세요.

Q.2

요한계시록 21장 4절을 써 보세요.

백 년도 안 되는 짧은 인생을 통해 영원한 천국을 선물로 받는다면 그것은 엄청난 축복입니다. 그런데 안타까운 것은 교회를 다니는 청소년 중에 천국의 축복 때문에 기뻐하는 사람은 많지 않습니다.

Q.3

마태복음 13장 44절을 써 보세요.

예수님께서는 천국을 소유한 사람의 심정을 마치 밭에 감추인 보화를 발견한 농부의 심정과 같다고 말씀하셨습니다. 농부는 자신의 재산을 다 팔아 보화가 감추어진 밭을 샀습니다. 그는 자신의 재산을 다 팔았는데도 기뻐했습니다. 자신이 팔고 희생한 것과는 비교할 수 없는 보화를 얻게 되었기 때문입니다. 어려서부터 교회를 다니면 천국과 지옥에 대해 듣게 됩니다. 그리고 예수님을 믿으면 천국에 간다는 이야기를 듣고 '나는 천국에 가겠구나.'라는 생각도 해 봤을 것입니다. 그러나 진심으로 천국에 갈 것이라는 생각 때문에 기뻤던 적이 있나요?

Q.4

나는 죽으면 천국에 갈 확신이 있나요?

Q.5

밭에 감춰진 보화를 발견한 농부처럼, 천국에 갈 것이라는 사실이 진심으로 기뻤던 적이 있나요?

만약에 수백억 원에 달하는 복권에 당첨이 되었다고 상상해 봅시다. 이제 상금을 받기 위해 은행에 가려고 합니다. 그런데 마침 우편함에 학교에서 보낸 성적표가 꽂혀 있었습니다. 열어보니 점수는 기대한 것보다 낮았습니다. 슬프고 낙심이 될까요? 그렇지 않을 것입니다. 시험 성적에 큰 의미를 두지 않을 겁니다. 은행에 가던 길에 스마트폰을 떨어뜨려 액정이 깨졌습니다. 화가 나거나 슬플까요? 그렇지 않을 것입니다. 별일 아니라고 생각할 겁니다.

정말로 우리가 천국의 소망을 가진다면 근심, 괴로움, 답답함이 다 사라집니다. 가치 판단의 기준이 달라지고 새로운 시각으로 세상을 바라보게 됩니다. 천국의 시선으로 우리의 인생을 보면 공부를 잘하는 것이나, 어느 대학을 나왔는지나, 외모로 인한 우월감이나 열등감을 느끼는 일이 무의미하게 여겨집니다.

천국은 꼭 죽어서 가는 곳이 아닙니다. 예수님으로 인해 천국에 갈 확신을 얻었다면, 우리는 이 땅에서도 천국의 기쁨을 누리며 살게 됩니다. 이 땅의 삶이 천국에서의 삶의 연습이라고 여기며 살게 됩니다.

우리에게 천국은 어떤 곳인가요? 성경에서 천국은 온갖 보석으로 장식된 궁전과 같은 이미지로 묘사되기도 합니다. 하지만 그것은 천국의 본질이 아닙니다. 천국이 천국인 이유는 그곳에 수많은 보석이 있기 때문이 아니라 하나님이 계시기 때문입니다.

Q.6

요한계시록 21장 23절을 써 보세요.

천국은 마치 해가 우리에게 비출 때 햇빛을 느끼는 것처럼 하나님의 영광이 비추는 곳입니다. 천국 백성으로 이 땅에서 우리가 해야 할 일은 예수님과 동행하는 연습입니다.

짐 심발라Jim Cymbala 목사는 이런 질문을 했습니다.

"우리가 이 땅에서 하나님의 임재를 경험하려고 애쓰지 않는다면 왜 천국에 가려 하는가? 우리가 지금 이곳에서 하나님의 임재를 즐거워하지 않는다면 천국은 우리에게 천국이 아니다. 이 땅에서 하나님을 애타게 원치 않는 사람을 왜 하나님께서 천국에 보내시겠는가?"

삶의 모습을 보면 그 사람이 어디로 가는지 알 수 있습니다. 의와 평강과 기쁨과 사랑의 삶을 사는 사람은 천국으로 가고 있는 사람입니다. 그것이 바로 천국으로 가고 있는 사람들의 속성이기 때문입니다. 지금 예수님의 임재를 사모하며 그분과의 교제를 즐거워하는 사람은 천국으로 가고 있는 사람입니다. 천국은 예수님과 영광스러운 교제가 영원히 지속되는 곳입니다.

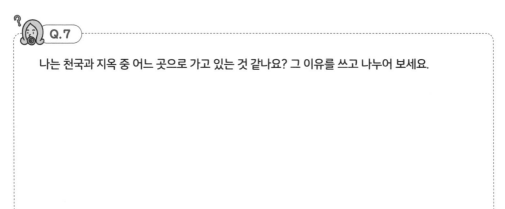

Q.7

나는 천국과 지옥 중 어느 곳으로 가고 있는 것 같나요? 그 이유를 쓰고 나누어 보세요.

03 흔들리지 않게 하는 소망

SELF- CHECK LIST

☐ 예습　　☐ 암송　　☐ 동행일기　　☐ 기도　　☐ 말씀묵상

주제 말씀을 암송하며 빈칸을 채워보세요.

사람에게 정해진 것이요 그 후에는　　　(　　　　　　　)

하나님이 우리에게 천국 소망을 주신 이유는 무엇일까요? 이 땅에서 겪게 되는 유혹과 핍박 앞에서 흔들리지 않게 하시려는 겁니다. 천국에 대한 확신이 없는 사람은 작은 유혹이나 핍박도 견디기 어렵습니다. 그러나 천국 소망을 품은 사람은 고난도 기쁨으로 이길 수 있는 힘을 갖게 됩니다.

확신 없는 사람　　　영화 〈암살〉에 염석진이라는 인물이 나옵니다. 그는 독립투사였지만 변절하여 일본의 첩자가 되고, 후에는 독립운동가들을 잡아들이는 일본 헌병 수사관이 되었습니다. 광복 이후 대한민국 경찰이 되어 있는 그를 처단하기 위해 옛 독립투사들이 염석진을 찾아옵니다. 그리고 염석진에게 총을 겨누고 묻습니다.

"왜 동지들을 배신했나?"

염석진은 이렇게 대답합니다.

"몰랐으니까. 해방될 줄 몰랐으니까. 알았으면 그랬겠나?"

맞습니다. 일제강점기에 많은 사람이 친일 행적을 남겼습니다. 왜 그랬을까요? 우리나라가 광복될 줄 몰랐기 때문입니다. 1945년 8월 15일에 광복될 줄 알았다면, 어떤 조선인도 일본의 편에 서지 않았을 겁니다.

Q.1

로마서 12장 12절을 써 보세요

이와 마찬가지로 정말 천국에 가게 될 것을 믿는 사람이라면 결코 이 땅에서 유혹이나 핍박 앞에 흔들리지 않을 것입니다. 스데반 집사는 돌에 맞아 순교하는 순간, 성령이 충만해져서 하나님의 영광과 예수님께서 하나님 우편에 서신 것을 봤습니다. 천국의 영광을 본 그는 원수를 사랑하고 순교도 감당할 힘이 생겼습니다. 이처럼 천국에 대한 소망은 세상을 이기는 능력입니다.

청소년 시기에도 여러 가지 유혹이 있습니다. 만약 수학여행을 갔는데 친구들이 몰래 가져온 술을 먹자고 했습니다. 다들 대수롭지 않다는 듯이 한 잔씩 술을 마셨습니다. 여러분이라면 이런 상황에서 어떻게 대처하시겠습니까? "나는 그리스도인이기 때문에 술은 마시지 않아."라고 말할 수 있습니까? 천국의 소망이 있다면 유혹 앞에 흔들리지 않을 수 있습니다.

혹은 학교에서 시험을 보는데 시험 감독이 느슨해서 학생 대부분이 커닝했습니다. 혼자서 정직하게 시험을 보면 손해 보는 상황입니다. 여러분은 끝까지 정직할 수 있습니까? 천국의 소망이 있는 사람이라면 '여기서 손해 보는 것 같아도 하나님 나라에서 칭찬받자.'라는 마음이 들 것입니다.

Q.2

학교, 학원, 일터 등에서 어떤 유혹이 있나요? 있다면 유혹 앞에 나는 어떻게 행동하나요?

언뜻 듣기에 천국 소망은 할머니, 할아버지를 위한 메시지 같습니다. 청소년 시기에 천국 소망은 중요한 것처럼 여겨지지 않습니다. 그러나 천국 소망의 메시지는 그리스도인 모두를 위한 것입니다. 소망은 온전한 삶, 성결한 삶, 헌신의 삶을 살게 하는 능력입니다.

혼전순결을 지키는 것에 대해 갈등하는 그리스도인이 있습니다. 이에 대해 세상은 융통성 없고 고리타분한 것이라고 말합니다. 순결을 지킨다고 하면 '천연기념물'이라고 놀림을 당하기도 합니다. 젊은 시절에는 유혹이 많기 때문에 성적인 욕구를 절제하는 일이 어렵습니다. 그러나 그리스도인은 천국의 시민권을 가진 사람입니다. 우리는 이 땅의 풍조를 따라 살지 않고 하나님 나라의 법을 따르며 삽니다. 그래서 청소년 시절에 천국 소망을 품은 사람만이, 세상과 다른 거룩하고 정결한 삶을 살 수 있습니다. 그리고 이것은 하나님이 주시는 축복입니다.

Q.3

빌립보서 1장 29절을 읽고 하나님께서 나에게 주신 은혜를 써 보세요.

하나님의 자녀에게는 한 가지 분명한 증거가 있습니다. 그리스도를 위해 당하는 고난을 특권으로 생각한다는 것입니다. 실제로 초대교회 성도들은 엄청난 핍박을 받았지만 오히려 그 핍박을 기쁘게 생각했습니다.

비교할 수 없는 영광　　　　이집트에는 모까땀 마을이라는 곳이 있습니다. 이집트의 수도인 카이로의 쓰레기를 처리하는 곳입니다. 그런데 이 쓰레기 마을에서 쓰레기를 처리하며 평생을 사는 사람은 대부분 그리스도인입니다. 이집트는 이슬람 국가라서 국민의 대부분이 무슬림입니다. 그런데 이집트에는 예수님 때부터 내려오는 소수의 이집트 기독교인이 있습니다. 이 소수의 기독교인은 이집트 사회에서 소외되어 쓰레기 마을에 삽니다. 이집트 정부에서는 이 그리스도인들을 무슬림으로 개종시키려 합니다. 개종을 하면 이 쓰레기 마을을 벗어나 일자리도 주고 살 곳도 준다고 합니다. 그런데 그리스도인들은 쓰레기장에서 사는 것을 영광으로 안다고 합니다. 일주일 내내 더러운 옷을 입고 쓰레기 마을에 살다가 주일이 되면 가장 깨끗한 옷을 입고 예배당에 가서 예배를 드립니다. 그 예배가 그들에게는 천국입니다. 이 땅에서는 비록 냄새나는 쓰레기장에 살지만 죽음 후에는 무엇과도 비교할 수 없는 하나님의 영광 앞에 설 것을 믿기 때문입니다.

 Q.4

나는 예수님으로 인해 고난받는 삶을 살 준비가 되었나요? 준비가 되었는지 쓰고 나누어 보세요.

04

다가오는 하나님 나라

SELF- CHECK LIST

☐ 예습   ☐ 암송   ☐ 동행일기   ☐ 기도   ☐ 말씀묵상

주제 말씀을 암송하며 빈칸을 채워보세요.

사람에게 정해진 것이요   (   )

Q.1

마태복음 6장 10절을 써 보세요

천국 소망을 가지는 것은 너무나도 중요한 일입니다. 그러나 천국 소망을 자칫 오해하는 경우가 있습니다. 천국에 가는 것이 중요하기 때문에 공부도 하지 않고, 일도 하지 않고 이 땅에서 하는 모든 일을 무의미하게 여기는 것입니다. 이러한 태도를 '염세주의'라고 합니다.

우리가 죽고 난 뒤에 가게 될 천국을 바라보는 눈이 열리는 것도 중요하지만, 더불어 중요한 것은 하나님의 나라가 이 땅 위에 임하는 것을 기다리는 일입니다. 성경은 부활하셔서 승천하신 예수님께서 다시 이 땅에 오시고, 온 세상을 다스리시며 영원히 왕 노릇하는 나라가 임할 것이라고 가르쳐 줍니다.

요한계시록 11장 15절은 마지막 때에 어떤 일이 벌어질 것이라고 말씀하고 있나요?

누가복음 9장에 예수님께서 어느 날 산에 올라가 놀라운 모습으로 변화되셔서 하늘에 있는 모세와 엘리야와 대화하시는 장면이 나옵니다. 주님과 함께 있던 베드로와 야고보와 요한도 하늘 문이 열리는 것을 봤습니다. 베드로는 초막을 짓고 거기에 머무르자고 주님께 말했습니다. 이것이 천국을 본 사람의 자연스러운 반응입니다.

그러나 예수님께서는 다시 그들과 함께 산에서 내려오셨습니다. 산 아래는 귀신 들리거나 육신의 질병으로 괴로워하는 사람들이 기다리고 있었습니다. 주님은 그들을 고쳐 주셨습니다. 이것이 예수님께서 우리에게 원하시는 것입니다.

그리스도인은 이 땅에서 예수님이 다시 오실 나라를 기다리고 미리 준비해야 합니다. 예수님은 승천하시면서 제자들에게 땅끝까지 모든 족속에게 복음을 전하라고 말씀하셨습니다. 그것이 예수님이 다시 오실 때까지 그리스도인들이 해야 할 일입니다.

그래서 우리는 주기도문을 외울 때마다, "나라가 임하시오며 뜻이 하늘에서 이루어진 것 같이 땅에서도 이루어지이다."라고 고백하는 것입니다. 주기도문을 외우지만 마음을 담아 기도하는 사람은 많지 않습니다. 시험도 잘 보고 좋은 학교에 가기 위해서는 기도하지만 하나님의 나라가 임하도록 마음을 다해 기도하지는 않습니다.

Q.3

누가복음 17장 26-30절에서 예수님께서 다시 오실 때, 이 땅에서 마주하게 될 현상에 대해 걱정하시는 것은 무엇인가요?

예수님께서는 자신이 다시 오실 때, 사람들이 예수님의 다시 오심을 준비하지 않은 채 살아갈 것이라고 말씀하셨습니다. 아무런 준비 없이 먹고, 마시고, 학교 가고, 결혼하고, 좋은 집 사면서 살다가 주님을 맞게 될 것이라고 경고하셨습니다.

진정한 비극　　　　존 파이퍼John Piper 목사님이 설교 중에 하신 말씀입니다. "얼마 전에 80세가 넘은 선교사, 루비 엘리슨과 로라 에드워드가 카메룬에서 순직했습니다. 루비 엘리슨은 간호사였고 로라 에드워드는 의사였습니다. 이들은 평생 독신으로 살면서 오직 한 가지 일, 주님의 마음을 품고 불쌍하고 고통스러운 삶의 아프리카 사람들을 섬기며 복음을 전하던 분들이었습니다. 그날도 환자를 찾아 아프리카 카메룬의 어느 산악지역 마을을 운전하던 중, 자동차 브레이크 파열로 절벽에서 추락해 순직했습니다.

이것이 정말 비극입니까? 80세가 넘은 두 여인이 다른 사람들은 은퇴하고 휴양지나 요양원에서 안락한 여생을 보내고 있을 때, 힘들고 고통스러운 삶을 살아가는 이들을 섬기다가, 주님의 품에 가게 된 일이 과연 비극이냐 말입니다. 아닙니다! 이것은 결코 비극이 아닙니다.

진짜 비극이 무엇인지 알려드리겠습니다. 1988년 2월 〈리더스 다이제스트(Reader's digest)〉에서 읽은 기사입니다. 제목은 '이른 시작 이른 은퇴'입니다. 미국 북동부 지역에서 사는 봅과 페니 부부는 5년 일찍 은퇴하였습니다. 밥은 59세였고 페니는 51세였습니다. 그들은 따뜻한 플로리다에 집과 보트를 샀습니다. 소프트볼을 하며 여유로운 시간을 보냅니다. 그리고 취미로 희귀한 조개껍데기를 모읍니다.

여러분! 이것이야말로 비극입니다. 이러한 삶을 동경하지 마시기 바랍니다. 이 비극적인 삶을 쫓아가지 마시기 바랍니다! 좋은 집, 좋은 차, 좋은 가정, 좋은 직장, 이른 은퇴, 조개껍데기 모으기가 전능하신 창조자 하나님 앞에 서기 전의 당신의 모습이 아니길 바랍니다. 창조주 앞에서 '이것을 보십시오. 제 집을 보십시오. 제 차를 보십시오. 제 직장을 보십시오. 제가 모은 이 조개껍데기를 보십시오.'라고 말할 수 있겠습니까? 이것이야말로 비극입니다. 여러분, 삶을 낭비하지 마시기 바랍니다!"

하나님 나라가 임하는 것에 대한 소망이 분명한 사람은 반드시 사명을 깨닫게 됩니다. 하나님 나라를 바라보는 사람은 전도와 선교가 얼마나 중요한지 알고 있습니다. 하나님께서 연약한 우리를 통해 하나님 나라를 이루신다는 것은 정말 놀라운 일입니다. 하나님 나라를 바라보는 눈이 열리면 결코 세상에 안주하며 살 수 없습니다.

Q.4

하나님 나라는 생각하지 않고 나의 유익이나 기쁨을 위해 돈과 시간을 낭비하는 것이 있다면 어떤 것이 있는지 쓰고 나누어 봅시다.

05

소망은 사명이다

SELF- CHECK LIST

☐예습   ☐암송   ☐동행일기   ☐기도   ☐말씀묵상

주제 말씀을 암송하며 빈칸을 채워보세요.

(   )

일제강점기에 우리 민족의 한결같은 소망은 독립이었습니다. 그리스도인들의 한결같은 소망은 바로 하나님 나라가 임하는 것이어야 합니다. 그런 의미에서 본다면 우리는 이 세상에 투입된 하나님 나라의 독립군입니다. 세계 곳곳에 있는 모든 교회는 하나님 나라가 임하는 것을 준비하기 위해 세상에 투입된 독립군들이며 동지들입니다.

　독립군들은 나라를 독립시키려고 갖은 고생을 겪어야 했습니다. 가족과 헤어지고 쫓겨 다니고 굶주렸습니다. 그러나 독립이라는 단 하나의 목표 때문에 이 모든 고난을 감수했습니다. 그들에게는 인생의 목표가 달랐기 때문입니다. 예수님을 믿는 청소년 중에도 자신의 삶을 불평하는 청소년이 있습니다. 부모님도 가난하고, 공부도 못하는 자신을 보며 하나님은 불공평하다고 생각합니다. 그러나 소망에 눈을 뜨면 생각이 완전히 달라집니다. 하나님 나라가 임할 때 어려운 환경에서 주님을 위해 일했던 사람들이 더 큰 상급을 얻을 것이기 때문입니다.

Q.1

빌립보서 3장 8-9절을 써 보세요.

사명을 위한 감내 일제강점기에 함경도 나남이라는 도시에 여자 거지가 살았습니다. 그 여자는 여기저기서 밥을 빌어먹으며 다녔고, 아이들이 돌을 던지며 놀려대도 실실 웃기만 했습니다. 사람들은 그 여자를 정신 나간 거지라고 생각했습니다. 그런데 일본이 패망하고 그 소도시에 소련군이 진주했을 때, 그 여자가 소련군 장교의 군복을 입고 사람들 앞에 나타났습니다.

사실 그녀는 소련군이 도시의 상황을 정탐하기 위해 간첩으로 파견된 소련군 장교였던 것입니다. 그녀는 그동안 자신이 정신 나간 거지 행세를 하면서 얻어낸 정보를 바탕으로 도시의 지주나 관리들을 잡아들여 인민재판에 회부했습니다. 장교는 자기에게 주어진 사명을 감당하기 위해 거지인 척을 했습니다. 사람들의 조롱도 기꺼이 감내했던 것입니다.

그녀는 소련군 장교라는 자부심 하나 때문에 거지 사명도 감당했습니다. 우리는 하나님 나라의 영광을 보게 된 사람입니다. 과연 우리가 어려운 사명이라고 불평할 수 있겠습니까?

여러분은 어려운 상황을 잘 견디나요? 청소년들에게 장래 희망을 물어보면 많은 청소년이 '건물주'라고 대답합니다. 일은 하지 않고 편안하게 살고 싶기 때문입니다. 예수님을 믿는 청소년들도 마찬가지입니다. 여름에 수련회를 가서 에어컨이라도 고장나는 날에는 온갖 불평과 불만이 쏟아집니다. 그러나 똑같이 무더운 여름에 뜨겁게 달아오른 길거리로 나가 복음을 전하는 청소년들도 있다는 것을 알아야 합니다. 누구에게 더 큰 간증과 은혜가 있을까요?

한 청소년의 간증　　　　전도 여행에 동참했던 한 청소년의 간증입니다. "시장에서 전도했다. 비가 너무 많이 와서 아무도 관심을 가지지 않은 듯했다. 그래도 어떤 상황에서든지 활짝 웃는 얼굴로 사람들을 대하라는 전도사님의 말씀이 생각나서 힘을 냈다. 열심히 전도하는데 어떤 할아버지께서 '미친놈들'이라고 했다. 그런데 이상한 것은 욕을 먹어도 기분이 하나도 나쁘지 않았다. 전도를 마치고 같은 조의 언니와 이야기를 했는데, 그 언니도 심한 욕을 들었다고 했다. 나는 그 이야기를 듣는 순간 '하나님이 우리를 많이 사랑하고 계시는구나'라는 생각이 들었다."

하나님 나라의 영광을 본 사람이라면 어렵고 힘든 일이라고 마다하지 않을 것입니다. 오히려 "주님, 아무도 가지 않겠다는 곳이 있다면 저를 보내주세요!" 할 것입니다.

 Q.2

빌립보서 3장 7-9절에서 사도 바울이 얻으려고 한 것과 버리려고 한 것은 무엇인가요?

사도 바울은 어떻게 자신에게 유익하던 것을 배설물처럼 버릴 수 있었을까요? 천국에 올라갔던 경험 때문일 것입니다(고후 12:1-4). 그는 거기에서 하나님 나라의 모든 비밀을 알았습니다. 하나님 나라가 이미 시작되었다는 것과, 모든 족속에게 복음이 전파되고 그 끝에 주님이 재림하신다는 것을 알게 되었습니다. 사도 바울은 자신이 그런 귀한 일에 부름을 받았다는 것이 감격스러웠습니다. 그래서 이전에 자신에게 유익했던 모든 것을 배설물처럼 버렸던 것입니다.

믿는 자의 특권　　　스코틀랜드의 선교사였던 데이비드 리빙스턴 David Livingstone은 삶

의 마지막 무렵에 잠비아의 깊은 밀림 속에서 연락이 끊어졌

습니다. 1871년에 헨리 스탠리 Henry Morton Stanley라는 탐험가가 리빙스턴을 찾아내기 위해 아

프리카로 들어갔습니다. 스탠리는 1년 만에 밀림 속에서 병들어 앓고 있는 리빙스턴을 겨우

만났습니다. 그는 식료품과 의약품이 거의 다 떨어진 채 심한 열병을 앓고 있었습니다. 스탠

리는 그에게 간절히 권면했습니다.

"선교사님, 아프리카를 위해 30년간 헌신해 오셨으니까 이제 그만 하시고 저와 함께 본

국으로 돌아가시는 것이 어떻겠습니까?"

그 말을 들은 리빙스턴은 아주 유명한 대답을 했습니다.

"아닙니다. 저에게 아프리카 선교는 헌신이 아니고 오히려 하나님께서 제게 주신 큰 특

권입니다. 저는 하나님께서 맡기신 이 영광스러운 일을 생각할 때마다 가슴이 벅차서 견딜

수가 없습니다."

그로부터 약 1년이 지난 1873년 5월 1일, 우리가 잘 아는 대로 리빙스턴은 침대 옆에서

무릎을 꿇고 두 손을 깍지 낀 채 하나님께 기도하는 모습으로 고요히 숨을 거두었습니다.

Q.3

하나님 나라가 이루어지는 일을 위해 고난도 감수하고 해야 할 일은 어떤 것이 있는지 구체적으로 쓰고 나누어 보세요.

1) 학교, 학원, 일터 등에서

2) 가정에서

3) 교회에서

소그룹 나눔

마음 열기

1. 지난 한 주를 어떻게 보냈나요? 돌아가면서 반원들과 나누어 보세요.

2. 시작기도를 하고 본격적인 소그룹 나눔을 시작합니다.

기초 다지기

1. 지난 단원을 복습해 봅시다.

    a. 예수님은 우리에게 말씀하신다? 아니다?

    b. 하나님의 말씀을 듣기 위해 필요한 것은?

    c. 하나님의 음성을 듣기 위해 우리가 지켜야 하는 것은?

    d. 누구의 소리는 차단해야 하나요?

2. 지난주 출석과 예습, 암송, 예수동행일기, 기도, 말씀묵상을 충실히 했는지 같이 점검해 봅니다.

3. 성경 암송 과제를 함께 암송합니다. 암송 구절: 히브리서 9장 27절

나 눔

01 죽음을 내다보는 눈 (P.52)

Q. 나는 죽음 앞에서 구원받은 자녀라고 고백할 수 있나요? 나에게 죽음이 임박했을 때, 나는 어떤 모습일지 쓰고 나누어 보세요.

02 천국을 바라보는 눈 (P.56)

Q. 나는 천국과 지옥 중 어느 곳으로 가고 있는 것 같나요? 그 이유를 쓰고 나누어 보세요.

03 흔들리지 않게 하는 소망 (P.60)

Q. 나는 예수님으로 인해 고난받는 삶을 살 준비가 되었나요? 쓰고 나누어 보세요.

04 다가오는 하나님 나라 (P.64)

Q. 하나님 나라는 생각하지 않고 내 자신의 유익이나 기쁨을 위해 돈과 시간을 낭비하는 것이 있다면 어떤 것이 있는지 쓰고 나누어 봅시다.

05 소망은 사명이다 (P.69)

Q. 하나님 나라가 이루어지는 일을 위해 고난도 감수하고 해야 할 일은 어떤 것이 있는지 구체적으로 쓰고 나누어 보세요.

마무리

1. 친구들에게 자신의 기도제목을 나눕니다. 자신과 다른 친구들의 기도제목을 이곳에 적어봅시다.

2. 다음 주 성경 암송 구절: **마태복음 7장 7-8절**

7 구하라 그리하면 너희에게 주실 것이요 찾으라 그리하면 찾아낼 것이요 문을 두드리라 그리하면 너희에게 열릴 것이니 8 구하는 이마다 받을 것이요 찾는 이는 찾아낼 것이요 두드리는 이에게는 열릴 것이니라

구하라 그리하면
너희에게 주실 것이요
찾으라 그리하면
찾아낼 것이요
문을 두드리라 그리하면
너희에게 열릴 것이니
구하는 이마다 받을 것이요
찾는 이는 찾아낼 것이요
두드리는 이에게는 열릴 것이니라

마태복음 7장 7-8절

CHAPTER 8

기도로 사는 사람

01

왜 기도해야 하나?

SELF - CHECK LIST

☐ 예습   ☐ 암송   ☐ 동행일기   ☐ 기도   ☐ 말씀묵상

주제 말씀을 암송하며 빈칸을 채워보세요.

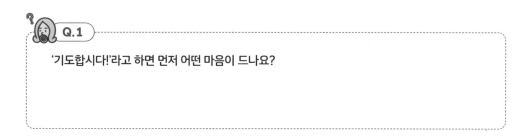

찾으라 그리하면 찾아낼 것이요 문을 두드리라 그리하면 너희에게 열릴 것 이니 구하는 이마다 받을 것이요 찾는 이는 찾아낼 것이요 두드리는 이에게는 열릴 것이니라 (마태복음 7장 7-8절)

Q.1

'기도합시다!'라고 하면 먼저 어떤 마음이 드나요?

많은 청소년이 '기도합시다!'라고 하면 답답하고 지루해하며 피하려고 합니다. 또 어떻게 해야 할지를 모른다고 하는 학생도 많습니다. 기도는 재미없고 부담스럽게 여깁니다. 그러나 신앙생활에서 기도는 매우 중요합니다. 우리가 하는 기도에 대해서 다시 생각해 봐야 합니다.

Q.2

마태복음 6장 8절을 써 보세요.

이사야 65장 24절을 써 보세요.

우리가 어려서부터 익숙하게 해온 기도는 대부분 '이거 주세요.' '이거 해결해 주세요.' 입니다. 그런데 성경을 보면 하나님은 우리가 구하기 전에 이미 필요한 것을 다 아시는 분이라고 합니다. 또 우리에게 주실 것을 다 준비해 놓으셨다고 합니다. 말씀대로라면 우리는 기도할 필요가 없다고 생각할 수 있습니다. 그런데 하나님은 왜 기도하라고 말씀하실까요? 우리는 왜 기도해야 할까요?

해진 신발   한 학생이 너무 낡아서 발가락이 다 보이는 신발을 신고 학교에 왔습니다. 선생님은 학생을 보고 안타까운 마음이 들었습니다. 그래서 학생에게 조심스럽게 가정 형편이 어려운지 물었습니다. 그러자 학생은 어렵지 않다고 했습니다. 선생님은 가정 형편이 어렵지 않은데 해진 신발을 신고 다니는 학생을 이해할 수 없었습니다.

선생님은 학생의 말을 믿을 수 없어서 어머니께 전화했습니다. 선생님은 어머니께 아이가 다 해진 신발을 신고 다니는 것을 알고 계시냐고 물었습니다. 어머니는 알고 있다고 대답했습니다. 그러면 신발을 사주시기에 형편이 어려운지를 물었습니다. 그러자 어머니는 어려운 형편이 아니라고 대답했습니다. 선생님은 더 의아했습니다. 선생님은 왜 신발을 사주지 않냐고 어머니께 다시 물었습니다. 그러자 어머니는 대답했습니다. "아이가 사 달라는 소리를 안 해서요."

우리의 하나님도 마치 이 어머니와 같습니다. 우리의 사정과 형편을 다 아시고 무엇이 부족한지도 알고 계시는 분이 바로 하나님이십니다. 하나님은 그 부족을 채우실 수 있는 능력도 충분히 갖추고 계시는 분입니다. 하나님은 언제든지 주실 수 있지만 우리가 하나님께 구하기를 기다리고 계십니다. 왜 그럴까요?

그것은 하나님께서 자녀들이 하나님을 경험하기를 바라시기 때문입니다. 어머니가 신발을 사주시면 어머니가 사주신 것이라고 바로 인지합니다. 그러나 하나님은 눈에 보이지 않기 때문에 좋은 것을 주셔도 그것이 하나님으로부터 왔는지 모릅니다. 그래서 대부분 하나님을 경험하지 못하고 살아갑니다. 그러나 기도하는 사람은 선한 것이 하나님으로부터 온 것이라는 것을 알게 됩니다. 그것이 우리가 눈에 보이지 않는 하나님을 경험하는 방식입니다.

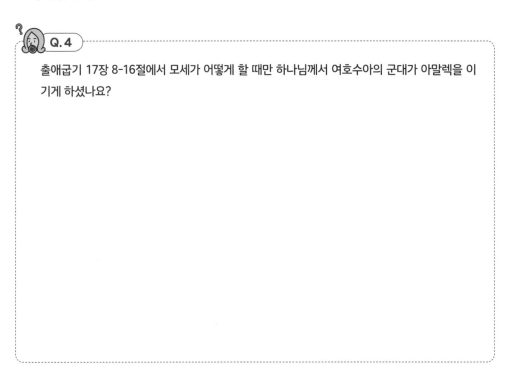

Q. 4

출애굽기 17장 8-16절에서 모세가 어떻게 할 때만 하나님께서 여호수아의 군대가 아말렉을 이기게 하셨나요?

여호수아가 이끄는 이스라엘 군대와 아말렉 군대 사이에 전쟁이 벌어졌습니다. 하나님은 이스라엘 백성을 무척 사랑하셨기 때문에 당연히 그들에게 승리를 안겨 주고 싶으셨을 겁니다. 그러나 하나님은 무조건 이스라엘 군대가 승리하게 하지 않으셨습니다. 하나님은 오직 모세가 두 팔을 들고 있을 때만 이스라엘 군대가 승리하게 하셨습니다. 즉, 모세가 두 팔을 들어 하나님께 기도할 때만 승리하게 하신 것입니다.

하나님은 왜 모세가 두 팔을 들고 있을 때만 승리하게 하신 걸까요? 기도를 통해 역사하시는 하나님을 경험하게 하고 싶으셨던 것입니다. 만약 이스라엘 군사들이 기도하지 않았는데 전쟁에서 이겼다면 그들은 하나님의 역사하심을 몰랐을 것입니다.

우리는 이렇게 기도를 통해 하나님을 경험하게 됩니다. 기도를 통해 하나님과 더 친밀하게 됩니다. 그런데 이런 경험은 기도하지 않으면 알 수 없습니다. 기도하는 사람만 알 수 있습니다.

조지 뮬러의 기도 고아들의 아버지로 불리는 조지 뮬러 George Müller 목사님은 애쉴리 타운에서 큰 보육원을 운영하며 아이들을 돌보고 있었습니다. 그런데 어느 추운 겨울날 보육원의 보일러가 갑자기 고장났습니다. 보일러를 고치려면 적어도 일주일은 걸리기 때문에 보육원은 온통 비상이 걸렸습니다. 사람들은 아이들이 얼어 죽지는 않을까 크게 염려했습니다.

죠지 뮬러는 사람들이 근심하고 있을 때 태연하게 일어나 교회 예배당으로 나갔습니다. 그리고 하나님께 부르짖어 기도했습니다. "날씨를 주관하시는 하나님 아버지! 이 아이들은 다 하나님께서 저에게 맡겨주신 생명입니다. 이 어린 생명들의 아버지는 하나님이시고 저는 도구일 뿐입니다. 아버지 하나님! 시간과 때를 주관하시는 아버지께서 일주일 동안은 봄 날씨로 변화시켜 주옵소서!"

목사님이 기도하는 동안 갑자기 동남풍이 불기 시작했습니다. 그리고 영국 전체가 봄 날씨가 되었습니다. 그때는 지금처럼 기상 이변도 흔치 않았습니다. 그런데 하나님께서 목사님의 기도에 응답하셔서 동남풍을 불게 하셨고 영국 전체가 봄 날씨가 되었습니다. 보일러를 수리한 후 정상적으로 가동하자 다시 한겨울의 세찬 바람이 불어왔습니다. 사람들은 기상 이변이라 말했지만, 죠지 뮬러와 보육원 식구들은 기도에 응답하신 하나님을 경험했습니다.

우리는 우리가 기도함으로 인해 하나님이 어떻게 일하시고, 어떻게 이끌어 나가시는 분이신지 경험할 수 있습니다.

기도하여야만 알 수 있는 것

고등학교에서 중요한 시험을 앞두고 있던 한 학생의 간증입니다. "저는 평소와 똑같이 열심히 시험을 준비했지만 이번에는 특별히 기도하며 공부했습니다. 하나님께 지혜와 총명을 더해달라고 기도했습니다. 기도 덕분인지 긴장되었던 마음도 안정되고 담대하게 시험에 임할 수 있었습니다. 시험을 볼 때마다 공부한 것이 뚜렷하게 기억났습니다. 정말 하나님이 도우신 것 같았습니다. 그리고 이전에 제가 열심히 공부했던 점수를 뛰어넘어 가장 우수한 성적을 받았습니다. 저는 하나님이 도와주신 것이라는 확신이 들었습니다. 하나님이 나의 모든 삶에 세세하게 관심을 가지신다는 것을 알게되고 나니 하나님과 더욱 가까워진 마음입니다."

기도하지 않으면 모르는 것

항상 공부를 열심히 하던 학생이 있었습니다. "저는 먹고 자는 시간만 빼고 모든 시간을 공부하는 데에 썼습니다. 중요한 시험을 앞두고 조바심이 났지만 그럴수록 더욱 열심히 공부에 매진했습니다. 긴장 가운데 시험에 임했습니다. 결과는 제가 생각한 것보다 잘 나왔습니다. 다음에는 더 노력해서 좋은 점수를 받아야겠다고 생각했습니다."

위의 두 학생의 차이는 무엇일까요? 그렇습니다. 기도를 했느냐, 안 했느냐의 차이입니다. 첫 번째 학생은 기도를 통해 하나님의 도우심을 경험했습니다. 그러나 두 번째 학생은 하나님과는 전혀 상관없이 자신의 노력만으로 삶을 살았습니다.

우리는 기도를 통해 하나님의 도우심을 깨달을 수 있습니다. 그것이 바로 하나님을 경험하는 길입니다. 기도하지 않으면 하나님이 어떤 분이신지, 우리를 위해 어떻게 일하시는지 전혀 알 수가 없습니다. 그러나 기도를 통해서 하나님을 경험하면 기도해야 하는 이유를 알게 되고, 또 기도하지 않고는 살 수 없는 사람이 됩니다. 기도는 하면 할수록 하나님과 가까워지는 놀라운 통로입니다.

기도를 통해 하나님을 경험한 적이 있나요? 기도를 통해 알게 된 하나님은 어떤 분인지 쓰고 나누어 보세요.

02

하나님과 친해지는 기도

SELF- CHECK LIST

☐ 예습   ☐ 암송   ☐ 동행일기   ☐ 기도   ☐ 말씀묵상

주제 말씀을 암송하며 빈칸을 채워보세요.

이니

찾으라 그리하면 찾아낼 것이요 문을 두드리라 그리하면 너희에게 열릴 것

찾는 이는 찾아낼 것이요 두드리는 이에게는 열릴 것이니라 (마태복음 7장 7-8절)

여러분이 전교 1등을 하는 학생이라고 가정해 봅시다. 시험 기간이 되면 다른 친구들이 도움을 받으려 주변에 모여듭니다. 그런데 막상 시험이 끝나면 친구들은 자기들끼리만 어디를 놀러갈지, 무엇을 먹을지 이야기합니다. 아무도 여러분에게 말을 걸지 않습니다. 기분이 어떨 것 같나요? 반 친구들이 자신의 이익을 위해 공부를 잘하는 여러분을 이용했다는 생각이 들지 않을까요?

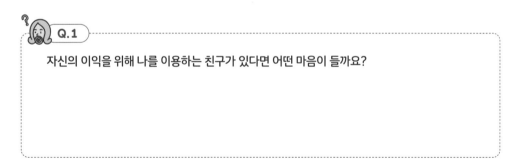

Q.1

자신의 이익을 위해 나를 이용하는 친구가 있다면 어떤 마음이 들까요?

그런데 하나님과의 관계에서 우리가 꼭 이와 같지 않은가요? 문제가 생겼을 때는 하나님을 찾지만 평상시에는 찾지 않습니다. 많은 학생이 하나님을 다급하게 찾는 때는 아

마 시험 기간일 것입니다. "성적 오르게 해 주세요.", "모르는 것 찍어도 맞게 해 주세요!"와 같은 기도로 하나님을 찾습니다. 그런데 시험 결과가 좋지 않으면 하나님을 원망하기도 하고 기도해도 소용없다며 실망하기도 합니다. 우리는 하나님을 소원을 들어주는 램프의 요정처럼 생각하기 때문입니다. 그래서 결국은 기도하는 목적도 문제를 해결하고 소원을 이루는 것에만 있습니다.

하나님을 이용하는 기도

한 남학생은 모태 신앙이지만 고등학교 2한년 때까지 마음을 잡지 못했습니다. 어른들의 눈을 피해 학생이 하지 말아야 할 행동들을 했습니다. 그러다 3학년이 되면서 대학은 가야겠다는 생각에 처음으로 열심히 기도하기 시작했습니다. 남학생은 하나님의 은혜로 좋은 대학에 합격했습니다. 그러나 문제는 그 이후의 삶이었습니다. 목적을 이루고 나니 하나님이 필요 없다고 생각했습니다. 대학에 입학하고 나서는 또다시 방탕한 삶을 살기 시작했습니다.

하나님과 동행하는 기도

한 여학생은 고등학생 때 간절히 기도하며 원하던 대학에 합격했습니다. 입학하고 자신의 삶을 돌아보니 어렵고 힘든 시절에 기도할 때마다 하나님께서 위로해주시고 힘과 지혜를 주신 덕분에 여기까지 왔다는 생각이 들었습니다. 그래서 감사한 마음으로 더욱 하나님을 가까이하길 갈망했습니다. 학생은 대학교 4년 동안 전과 비교할 수 없이 하나님과의 친밀함이 커졌다고 고백했습니다.

위 예화에 나오는 두 학생은 모두 원하던 대학에 합격했습니다. 그런데 그 이후의 삶은 달랐습니다. 차이는 무엇일까요? 기도의 목적이 달랐던 것입니다. 대학 합격이 기도의 목적이었던 학생은 대학에 합격한 후에는 하나님이 필요 없었습니다. 그러나 기도의 목적이 하나님과 친밀해지는 것이었던 학생은 그 이후로 하나님을 더 많이 알고 사랑하게 된 것입니다.

하나님은 전지전능하신 분이기 때문에 문제가 해결되는 것에는 관심이 없습니다. 그렇다면 우리가 기도할 때 하나님의 관심은 어디에 있을까요? 하나님은 기도를 통해 우리의 문제가 해결되는 것보다 우리와 인격적인 관계를 맺는 데 관심이 있습니다. 이 말은 하나님이 우리와 친해지고 싶어 하신다는 것입니다.

여러분은 절친과 어떻게 친해지게 되었나요? 분명 서로 알아가는 과정이 있었을 것입니다. 함께 이야기하는 시간이 많아지면서 좋은 친구라는 것을 알게 된 것이죠. 기도가 바로 그런 과정입니다. 하나님은 기도를 통해 하나님이 얼마나 좋은 분이신지 알게 해주고 싶어 하십니다. 친구와 관계를 형성해 나갈 때 친구의 의견과 내 의견이 같으면 금방 친해집니다. 그러나 의견이 다를 때도 있습니다. 서로 의견이 다르다고 토라지면 깊은 관계를 맺을 수 없습니다. 내가 이해되지 않을 때가 있어도 상대방의 뜻이 무엇인지 기다려주고 들어주면 그 관계는 더욱 깊어집니다.

기도도 마찬가지입니다. 우리가 기도했지만 기도의 응답이 늘 우리가 원하는 것이 아닐 수 있습니다. 기도 응답에는 세 가지가 있습니다. 첫 번째 응답은 'Yes'입니다. 내가 구한 것과 하나님의 뜻이 맞아떨어진 경우입니다. 두 번째 응답은 'No'입니다. 나는 좋은 것인 줄 알고 구했지만 하나님께서 판단하셨을 때는 위험하거나 오히려 좋지 않은 경우입니다. 세 번째 응답은 'Wait'입니다. 구하는 것과 하나님께서 주실 타이밍이 맞지 않으면 하나님께서 기다리라고 말씀하십니다.

동화에 나오는 요술 방망이는 인격이 없으므로 주인이 원하는 대로 휘두르면 뭐든지 이루어집니다. 그러나 하나님은 다릅니다. 하나님께서는 우리에게 늘 가장 좋은 것을 주고 싶어 하십니다. 우리가 기뻐하는 것을 보며 더 깊은 관계를 맺길 원하십니다. 때로는 'No', 'Wait'라고 말씀하실 때가 있습니다. 이런 기도의 과정과 응답을 통해 하나님과의 관계는 더욱 친밀해집니다.

하나님과 친해지는 기도 한 중학생이 시험을 잘 봤으면 좋겠다고 생각했습니다. 학생은 시험 전날, 문득 '교회에 가서 기도하고 오면 시험을 잘 보지 않을까?'라는 생각이 들었습니다. 그래서 학생은 학교가 끝나고 교회로 갔습니다.

기도하러 교회에 간 것은 그때가 처음이었습니다. 그렇게 기도하고 왔는데 정말 시험을 잘 봤습니다. 그러자 다음 시험 때도 기도하러 교회에 갔습니다. 역시나 이번에도 시험을 잘 봤습니다. 그렇게 성적이 몇 번 오르자 기도하는 것이 재미있었습니다. 하지만 한편으로는 하나님께 죄송한 마음이 들었습니다. 시험 전날에만 기도하는 것이 얌체 같다는 생각이 들었기 때문입니다. 그래서 일주일에 한 번은 교회에 가서 기도하고 오는 날로 정했습니다. 이 기도의 원칙은 고등학교에 가서도 멈추지 않았습니다. 고등학교에 가서는 기도한다고 성적이 매번 오르진 않았지만 기도하는 것 자체가 즐거워졌습니다.

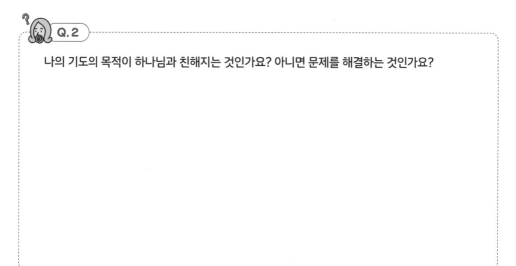

Q.2

나의 기도의 목적이 하나님과 친해지는 것인가요? 아니면 문제를 해결하는 것인가요?

03

기도와 영적전쟁

SELF- CHECK LIST

▢ 예습   ▢ 암송   ▢ 동행일기   ▢ 기도   ▢ 말씀묵상

주제 말씀을 암송하며 빈칸을 채워보세요

문을 두드리라 그리하면 너희에게 열릴 것
두드리는 이에게는 열릴 것이니라 (마태복음 7장 7-8절)

이니

세상에서 일어나는 모든 일은 하나님께서 기뻐하시는 뜻대로 이루어지고 있을까요? 하나님께서는 이 땅의 모든 교회가 부흥하기를 원하십니다. 그러나 모든 교회가 다 부흥하는 것은 아닙니다. 하나님은 모든 사람이 구원받기를 원하십니다. 그러나 모든 사람이 구원받는 것은 아닙니다. 왜 세상에는 하나님이 원하시는데도 이루어지지 않는 일들이 있을까요? 그것은 하나님의 뜻이 이루어지는 것을 방해하는 힘이 있기 때문입니다.

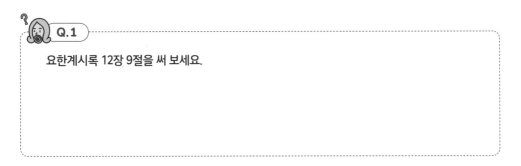

Q.1

요한계시록 12장 9절을 써 보세요.

에베소서 2장 2절을 써 보세요.

성경은 마귀가 이 세상의 왕노릇을 하고 있다고 말합니다. 지금 마귀는 이 세상을 다스리며 하나님의 뜻이 이뤄지는 것을 방해하고 있습니다. 그렇다면 왜 하나님께서는 마귀가 하나님의 뜻을 방해하도록 허락하시는 것일까요?

 Q.3

베드로후서 3장 9절을 써 보세요.

전능하신 하나님께서는 당장 마귀의 모든 계획을 허무실 수 있습니다. 그러나 그렇게 되면 사탄에게 사로잡혀 있는 수많은 영혼이 지옥에 갈 것입니다. 지금은 하나님께서 세상을 사랑하셔서 한 영혼이라도 더 구원받을 수 있는 기회를 주신 기간입니다. 한 가지 기억해야 할 것은 지금 우리는 싸움의 한 가운데에 있다는 것입니다. 싸움의 대상은 하나님의 뜻이 이뤄지는 것을 가로막고 있는 마귀입니다. 이것이 바로 영적전쟁입니다.

마귀의 훼방 1   선교사들이 우리나라에 처음 복음을 전하러 왔을 때, 우리나라는 영적으로 흑암같이 어두웠었습니다. 어두운 이 땅에 복음의 광채가 비춰지니 영적인 공격은 실로 대단했습니다. 1888년에 있었던 '어린이 소동'이 이를 잘 나타냅니다. 호레이스 그랜트 언더우드Horace Grant Underwood 선교사가 한국에 와서 고아들을 모아 양육하는 일을 했었습니다. 그러나 조선 사람들은 선교사들이 어린이들을 잡아 눈알을 빼서 약을 만들고 외국에 노예로 판다는 거짓 소문을 퍼뜨렸습니다. 이 일로 선교사 전체가 심각한 위험에 빠졌고 선교 사역이 크게 위축되었습니다. 마귀가 사람들에게 거짓말을 퍼트리며 선교 사역을 방해했던 것입니다.

마귀의 훼방 2 한 학생이 학교에서 친구들을 전도하고 싶었습니다. 친구들에게 간식도 사주고 숙제도 도와주며 할 수 있는 모든 착한 일을 했습니다. 그리고 친구들을 주일예배에 초청했습니다. 친구들은 모두 교회에 오겠다고 약속했습니다. 그 학생은 마치 세상을 다 가진 것처럼 기뻤습니다. 그리고 주일 전날인 토요일에도 그 친구들과 함께 시간을 보냈습니다. 함께 축구를 하며 즐겁게 지내고 있었는데 갑자기 두 친구에게 다툼이 일어났습니다. 그런데 문제는 그뿐만이 아니었습니다. 다툼으로 친구들 사이에 패가 나누어진 것입니다. 학생은 중간에서 어찌할 바를 몰랐습니다. 결국 학생은 혼자 교회에 가게 됐고 전도사님께 모든 일을 이야기했습니다. 전도사님과의 대화를 통해 마귀가 친구들에게 복음이 전해지는 것을 너무 싫어해서 그들의 마음 안에 갈등과 분열의 마음을 심어준 것을 깨달았습니다.

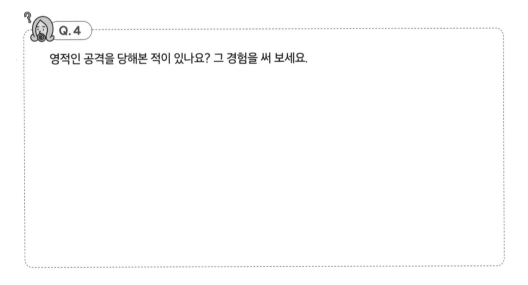

Q.4

영적인 공격을 당해본 적이 있나요? 그 경험을 써 보세요.

이러한 마귀와의 싸움에서 우리가 할 수 있는 일이 한 가지 있습니다. 그것은 바로 기도입니다. 하나님은 성도들의 기도를 통해서 하나님의 일을 이루십니다. 마치 기차가 레일 위에서만 달릴 수 있듯이, 하나님의 역사도 기도라는 레일이 설치될 때 이뤄집니다. 기도해야 영적인 승리가 있습니다. 기도하면 반드시 승리합니다.

기도로 변화되는 삶　　　　한 전도사님의 이야기입니다. 그 전도사님은 조상 대대로 예수님을 믿는 사람이 한 명도 없는 집안에서 태어났습니다. 가문에서 최초로 예수님을 영접한 전도사님은 예수님을 믿는 것이 너무나 행복했습니다. 그래서 다른 가족들도 예수님을 믿어 구원받는 것이 전도사님의 소원이 되었습니다. 전도사님은 간절한 마음으로 천 일 동안 빠짐없이 교회에 나와 예배와 기도의 단을 쌓기 시작했습니다. 그가 기도했던 것은 오직 한 가지였습니다. 사랑하는 가족들이 예수님을 잘 믿는 가문이 되게 해달라는 것이었습니다. 그렇게 삼 년이라는 시간을 기도하면서 영적으로 어두웠던 그 가문에 놀라운 일이 일어나기 시작했습니다. 어머니가 예수님을 영접하고 세례를 받았습니다. 암과 투병 중이던 조카는 예수님을 영접했습니다. 조카는 자기 생일날 천국에 가면서 "아빠! 교회 꼭 나가세요."라는 유언을 남겼습니다. 그리고 큰오빠는 예순이 넘는 나이에 암 투병하다가 예수님을 영접했는데, 숨을 거두기 전에 가족들에게 천국에서 만나자는 약속을 남겼다고 합니다. 쉼 없이 기도할 때 영적으로 어두웠던 그 가정 안에 복음의 광채가 비춘 깃입니다. 전도사'님은 지금도 믿음의 명문 가문이 세워지길 계속해서 기도하고 있습니다.

Q.5

가정과 학교에서 기도로 승리해야 할 일을 쓰고 나누어 보세요.

04

마귀의 전략

SELF- CHECK LIST

☐ 예습   ☐ 암송   ☐ 동행일기   ☐ 기도   ☐ 말씀묵상

주제 말씀을 암송하며 빈칸을 채워보세요.

문을 두드리라 그리하면 너희에게 열릴 것

이니   (   )

속이는 자 1   일제강점기에 서해안 육지에서 멀리 떨어진 작은 섬에서 있었던 일입니다. 이 섬에는 일본에서 보낸 한 사람이 섬을 관리했습니다. 그 일본 관리는 육지로부터 소식을 알 수 있는 유일한 수단인 전신기를 가지고 있었습니다. 1945년 8월, 일본이 망하고 조선이 해방되었다는 소식이 전신을 통해서 관리에게 전해졌습니다. 그러나 이 일본 관리는 조선이 해방되었다는 소식을 들었지만 섬 주민들에게 전하지 않았습니다. 그리고 아무 일노 일어나시 않은 것처럼 주민들을 속이고 섬에서 자신이 모은 재산을 가지고 나갈 방법을 찾았습니다. 육지에서 누군가 들어와서 해방되었다는 사실을 전해주기 전에, 섬 주민들을 속이고 도망갈 생각이었던 것입니다.

위의 이야기는 충분히 있을 법한 이야기입니다. 그런데 이와 같은 일이 지금 우리에게도 벌어지고 있다는 사실을 알아야 합니다. 이천 년 전에 예수님께서 세상에 오셨고, 십자가에 죽으시고 부활하셨습니다. 그래서 마귀의 권세는 이미 꺾였고 모든 사람에게 예수님을 믿으면 구원받을 수 있는 길이 열렸습니다. 마귀도 이 사실을 알고 있습니다. 그래서 마귀는 이 땅에서 사람들을 속이는 일을 합니다.

Q.1

요한복음 8장 44절에서는 마귀를 어떤 자라고 했나요?

아담과 하와를 생각해 보면 마귀가 하는 일을 잘 알 수 있습니다. 뱀이 아담과 하와에게 어떤 일을 했나요? 선악과를 먹으면 눈이 밝아져 하나님처럼 될 것이라고 속였습니다. 마귀가 예수님께 한 일은 무엇인가요? 자신에게 엎드려 절하면 세상 만국을 주겠다고 거짓말했습니다. 거짓을 말하는 것이 마귀의 전략이라는 것을 알아야 합니다. 그래야 마귀와의 싸움에서 이길 수 있습니다. 영적인 전쟁이 가장 크게 일어나는 곳이 우리의 생각과 마음입니다. 마귀는 우리의 생각과 마음속에서 계속해서 거짓말합니다.

한 형제가 음란 사이트를 보는 죄를 지었습니다. 그때마다 형제는 이런 생각이 들었습니다. '너는 안돼. 너는 절대로 이 문제를 해결할 수도 없고 끊을 수도 없어. 하나님이 이런 너를 사랑하실 것 같니? 하나님은 절대로 널 사랑하지 않아. 너는 이렇게 죄를 짓고도 예배에 가서는 거룩한 척 손들고 찬양하겠지. 완전 가식이잖아. 너는 가짜야. 완전히 버림받았어.' 많은 청소년이 이런 마귀의 소리에 마음을 빼앗기고 신앙을 잃습니다. 마귀의 이야기가 진짜일까요? 아닙니다. 거짓말입니다. 마귀가 우리를 속이는 것입니다.

Q.2

요한계시록 12장 10절에서 마귀는 무엇 하는 자라고 했나요?

마귀는 참소하는 자입니다. '참소'한다는 말은 남을 헐뜯어서 죄가 있는 것처럼 꾸며 말하여 바친다는 말입니다. 마귀는 우리가 죄인이라고 참소합니다. 그러나 이것은 거짓입니다. 성경은 그렇게 말하지 않습니다. 진실은 무엇입니까?

우리는 죄의 종노릇 하는 데서 해방되었습니다. 문제를 극복할 수 있습니다.

죄로부터 해방되어 의에게 종이 되었느니라 로마서 6:18

내가 죄를 지었지만 여전히 하나님은 나를 사랑하십니다.

우리가 아직 죄인 되었을 때에 그리스도께서 우리를 위하여 죽으심으로 하나님께서 우리에 대한 자기의 사랑을 확증하셨느니라 로마서 5:8

죄를 짓고 예배에 나가는 것은 가식이 아닙니다. 하나님은 회개하는 사람을 용서하십니다.

만일 우리가 우리 죄를 자백하면 그는 미쁘시고 의로우사 우리 죄를 사하시며 우리를 모든 불의에서 깨끗하게 하실 것이요 요한일서 1:9

우리는 하나님의 말씀이 말하는 진리를 믿고 마귀의 거짓을 물리쳐야 합니다. 마귀의 거짓에 속지 말아야 합니다.

속이는 자 2   "수련회를 다녀오고 나서 정말 예수님이 누구신지 알게 되었습니다. 그래서 나쁜 죄를 끊고 더욱 주님과 친밀하게 지내는 것이 좋겠다고 생각했습니다. 가장 먼저 즐겨하던 게임을 줄였고 자주 사용하던 욕도 참아보려고 애썼습니다. 참으려고 했던 일들이 저를 억누르지 않고 기쁨으로 느껴졌습니다. 그러나 예수님이 좋으신 분인 것을 알면서도 음란물 보는 것은 쉽사리 끊어 내기가 어려웠습니다. 그래서 저는 또 실수하고 말았습니다.

마음에 큰 죄책감과 고통이 찾아왔습니다. 분명 다시는 죄를 짓지 않겠다고 했는데 또 죄를 지었으니 예수님을 뵐 면목이 없다고 생각했습니다. 더는 예수님도 저를 용서해 주시지 않을 것 같았습니다. 그래서 저는 기도할 수 없었습니다.

그러나 나중에 예수님은 그런 분이 아니라는 것을 알게 되었습니다. 예수님이 나를 용서해 주시지 않을 것 같다는 생각은 마귀가 나를 속이려고 주는 생각임을 알게 되었습니다. 나는 곧바로 다시 주님께 엎드려 회개했습니다." (고2 학생 간증)

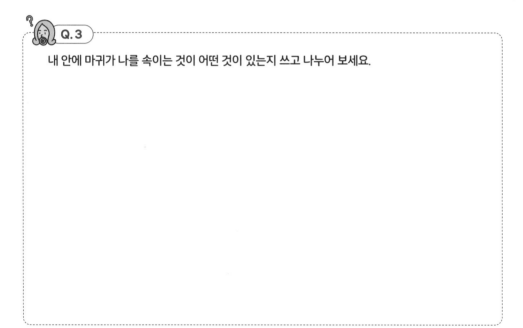

Q.3

내 안에 마귀가 나를 속이는 것이 어떤 것이 있는지 쓰고 나누어 보세요.

05

영적전쟁에서 승리하는 길

SELF- CHECK LIST

☐ 예습   ☐ 암송   ☐ 동행일기   ☐ 기도   ☐ 말씀묵상

주제 말씀을 암송하며 빈칸을 채워보세요.

(   )

베드로전서 5장 8절에 보면 "너희 대적 마귀가 우는 사자 같이 두루 다니며 삼킬 자를 찾는다."라고 기록되어 있습니다. 이처럼 마귀는 그리스도인을 무너뜨리기 위해 끊임없이 공격합니다. 그러나 우리가 그리스도인이라는 사실만으로는 마귀의 공격으로부터 승리할 수 없습니다. 마귀와의 영적전쟁에서 승리하기 위해서는 이기는 방법을 배워야 합니다. 그러면 어떻게 해야 마귀에게서 승리할 수 있을까요?

1. 싸움의 대상을 바로 알아야 합니다

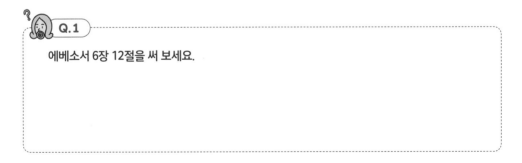

Q.1

에베소서 6장 12절을 써 보세요.

악한 영과의 싸움　　　　　한 청소년이 친구들과의 관계가 너무 나빠서 전학을 보내 달라고 오랫동안 기도했습니다. 그런데 하나님으로부터 "너는 학교 안에서 역사하는 악한 영을 대적하지 않고 왜 비난만 하고 전학만 보내 달라고 하느냐?"라는 책망을 들었습니다. 그래서 이제는 기도와 말씀, 사랑으로 학교를 지배하고 있는 악한 영들과 싸우겠다고 다짐했습니다.

청소년들의 문제 중 가장 큰 부분을 차지하는 것이 친구 관계입니다. 대부분 학교에서 친구와의 갈등 때문에 힘들었던 경험이 있을 것입니다. 우리는 흔히 나와 갈등이 있는 친구에게 문제가 있거나 성격이 맞지 않기 때문에 힘든 것이라고 생각합니다. 그러나 이러한 갈등으로 관계에 문제가 생기는 것은 마귀가 우리를 무너뜨리기 위해서 공격하는 방법이라고 깨닫지 못합니다. 그렇기 때문에 갈등의 원인을 친구에게 찾고, 계속해서 싸우게 되고, 결국에는 친구도 잃고 마음에 상처만 남게 됩니다. 우리가 싸워야 할 대상은 사람이 아닌 우리를 무너뜨리려고 공격하는 마귀입니다.

2. 죄 사함의 확신이 있어야 합니다

전쟁 중에 군인이 부상을 당하면 병원에서 치료받아야 합니다. 다친 군인은 전쟁에서 정상적으로 싸울 수 없습니다. 영적전쟁 역시 이와 마찬가지입니다. 우리에게 죄 때문에 부상(상처)이 있다면 마귀와의 싸움에서 승리할 수 없습니다.

마귀는 우리가 죄를 지어 무너지게 하고 절망스러운 우리를 향해 "그런 죄를 짓고도 네가 그리스도인이냐? 그러고도 네가 예수를 믿는다고 할 수 있냐? 죄 하나도 이기지 못하면서 승리할 수 있냐?"라는 식으로 우리를 조롱합니다. 마귀의 공격 포인트는 늘 '죄'입니다. 이때 마귀의 말이 맞다고 생각하면 영적으로 아무 힘도 쓸 수 없습니다. 그러나 예수님이 십자가에서 우리의 죄를 해결하셨다는 것을 굳게 믿으면 영적전쟁에서 승리할 수 있습니다.

마귀는 우리를 조롱하지만 예수님께서는 십자가를 통해 마귀를 무력하게 하시고, 오히려 마귀를 구경거리로 만드신다고 말씀하십니다. 말씀을 의지해 회개함으로 나갈 때 영적전쟁에서 승리하는 힘을 얻게 됩니다.

3. 작은 싸움을 중요하게 여겨야 합니다

커닝이 판치는 학교　　서울대학교 게시판에 '커닝이 판치는 우리 학교?'라는 제목으로 학생들의 커닝 실태를 고발하는 글이 올라왔습니다. 이 학생은 "커닝하지 말자고 게시판에 글을 올렸다가 오히려 물을 흐린다며 삭제당했다. 다른 사람들 앞에서도 아무렇지 않게 커닝했다고 자랑스럽게 이야기하는 문화가 우리 학번에 정착했다."라고 비판했습니다. 〈공감 언론 중에서〉

서울대학교에서 무더기 커닝 사태가 일어났습니다. '바늘 도둑이 소도둑 된다.'라는 속담처럼 성적을 훔친 사람이 나중에 무엇을 도둑질할지 생각하면 아찔합니다. 〈머니투데이 중에서〉

우리나라 속담 중에 '바늘 도둑이 소도둑 된다.'라는 속담이 있습니다. 작은 것에 유혹을 받아 훔치게 되면 다음번에는 더 큰 것을 훔치게 된다는 것입니다. 처음에는 바늘 같은 작은 물건 하나를 훔치는 것도 가슴 졸이며 떱니다. 그러나 한 번 물건을 훔쳐본 경험이 있으면 오히려 다음에는 이전보다 담대하게 물건을 훔치게 됩니다. 결국은 습관이 되고 생각과 마음 안에 견고하게 자리 잡게 됩니다. 나중에는 물건을 훔치는 것을 쉽게 끊을 수 없게 됩니다. 이것이 우리가 마음에서 일어나는 작은 싸움을 소홀히 생각해서는 안 되는 이유입니다. 어느 누구도 처음부터 소를 훔치려고 하지는 않을 겁니다. 그러나 반대로 죄의 유혹을 한 번만 이기면 예수님의 도우심으로 우리는 영적전쟁에서 승리하고 죄의 유혹을 끊을 수 있게 됩니다.

4. 반대 정신으로 살아야 합니다

로마서 12장 17-21절을 읽고 질문에 답을 써 보세요.

[17] 아무에게도 악을 악으로 갚지 말고 모든 사람 앞에서 선한 일을 도모하라 [18] 할 수 있거든 너희로서는 모든 사람과 더불어 화목하라 [19] 내 사랑하는 자들아 너희가 친히 원수를 갚지 말고 하나님의 진노하심에 맡기라 기록되었으되 원수 갚는 것이 내게 있으니 내가 갚으리라고 주께서 말씀하시니라 [20] 네 원수가 주리거든 먹이고 목마르거든 마시게 하라 그리함으로 네가 숯불을 그 머리에 쌓아 놓으리라 [21] 악에게 지지 말고 선으로 악을 이기라

 Q.3-1

악한 일을 만났을 때 어떻게 하라고 했나요? (17절)

 Q.3-2

원수가 주리고 목마르면 어떻게 하라고 했나요? (20절)

마귀는 수많은 생각을 통해서 우리를 공격하지만, 우리는 마귀가 주는 생각을 분별할 수 있습니다. 마귀는 우리의 생각과 마음을 통해 공격합니다. 마귀는 욕하고, 미워하고, 싸우고, 거짓말하고, 약한 사람을 무시하고, 따돌리는 나쁜 생각들로 우리를 무너뜨리기 위해 공격합니다. 누군가가 미워서 우리의 생각과 마음속에 나쁜 생각이 드는 것이 아니라, 마귀가 우리를 무너뜨리기 위한 공격입니다. 영적전쟁에서 마귀에게 승리하는 방법은 간단합니다. 마귀가 주는 생각과 반대로 행동하면 됩니다. 마귀는 악한 영이기 때문에 반대편에 있는 선을 가장 싫어합니다. 악한 영과는 선으로 싸워야 이길 수 있다는 말입니다. 나를 욕하는 사람이 있다면 축복의 말로 싸워야 하고 나를 시기하고 미워하는 사람이 있다면 용서와 사랑으로 싸워야 이길 수 있습니다. 거짓에는 정직으로 맞서야 하고 교만에는 겸손으로 싸워야 마귀와의 싸움에서 이길 수 있습니다.

Q.4

영적전쟁에서 승리하기 위해서 내가 할 일은 무엇이 있는지 쓰고 나누어 보세요.

소그룹 나눔

마음 열기

1. 지난 한 주를 어떻게 보냈나요? 돌아가면서 반원들과 나누어 보세요.

2. 시작기도를 하고 본격적인 소그룹 나눔을 시작합니다.

1. 지난 단원을 복습해 봅시다.

    a. 우리가 어디에 소망을 가지게 되면 유혹과 핍박에도 흔들리지 않나요?

    b. 하나님 나라 소망이 분명한 사람은 무엇대로 살게 되나요?

    c. 우리가 간절히 바라야 할 것은?

2. 지난주 출석과 예습, 암송, 예수동행일기, 기도, 말씀묵상을 충실히 했는지 같이 점검해 봅니다.

3. 성경 암송 과제를 함께 암송합니다. 암송 구절: 마태복음 7장 7-8절

나 눔 (80분)

01 왜 기도해야 하나? (P.81)

Q. 기도를 통해 하나님을 경험한 적이 있나요? 기도를 통해 알게 된 하나님은 어떤 분인지 쓰고 나누어 보세요.

02 하나님과 친해지는 기도 (P.85)

Q. 나의 기도의 목적이 하나님과 친해지는 것인가요? 아니면 문제를 해결하는 것인가요?

03 기도와 영적전쟁 (P.90)

Q. 가정과 학교에서 기도로 승리해야 할 일을 쓰고 나누어 보세요.

04 마귀의 전략 (P.94)

Q. 내 안에 마귀가 나를 속이는 것이 어떤 것이 있는지 쓰고 나누어 보세요.

05 영적전쟁에서 승리하는 길 (P.99)

Q. 영적전쟁에서 승리하기 위해서 내가 할 일은 무엇이 있는지 쓰고 나누어 보세요.

마무리

1. 친구들에게 자신의 기도제목을 나눕니다. 자신과 다른 친구들의 기도제목을 이곳에 적어봅시다.

2. 다음 주 성경 암송 구절: **요한복음 4장 23절**

   아버지께 참되게 예배하는 자들은 영과 진리로 예배할 때가 오나니 곧 이 때라 아버지께서는 자기에게 이렇게 예배하는 자들을 찾으시느니라

3. 9단원 4과에서 복음의 핵심을 나의 언어로 기록해보는 활동이 있습니다. 기도하며 나만의 솔직한 언어로 복음의 핵심을 기록해 보세요.

아버지께 참되게 예배하는 자들은
영과 진리로 예배할 때가 오나니
곧 이 때라
아버지께서는 자기에게
이렇게 예배하는 자들을
찾으시느니라

요한복음 4장 23절

CHAPTER 9
예배하는 사람

01

감격의 예배

 ☐ 예습　 ☐ 암송　 ☐ 동행일기　 ☐ 기도　 ☐ 말씀묵상

주제 말씀을 암송하며 빈칸을 채워보세요.

아버지께 　　　　　　　　　　영과 진리로 예배할 때가 오나니 곧 이 때라 아버지께서는 자기에게 이렇게
예배하는 자들을 찾으시느니라 (요한복음 4장 23절)

Q.1

누군가가 "오늘 예배 잘 드렸니?"라고 물어본다면 나는 뭐라고 대답하나요? 예배를 잘 드리는
것은 어떻게 하는 것이라고 생각하나요?

조용히 드리는 예배　　　　5살 아이가 유치부 예배에 가기 싫다고 했습니다. 유치부 예배
에 가면 로봇을 가지고 놀 수 없기 때문이었습니다. 아이는 유
치부에 가지 않고 자모실에서 엄마와 같이 예배드리고 싶다고 졸랐습니다. 자모실에서 예
배를 드리면 잘 드릴 수 있다고 말했습니다. 엄마가 어떻게 예배를 잘 드릴 것인지 물어보자
이 아이는 "말하지 않고 조용히 로봇만 가지고 놀 거예요."라고 말했습니다.

많은 청소년이 예배시간에 떠들지 않으면 예배를 잘 드렸다고 생각합니다. 정말 그런

걸까요? 하나님께서도 우리가 조용히만 있다 가면 예배를 잘 드렸다고 칭찬해 주실까요? 조용히 있는 것만으로 예배를 잘 드렸다고 할 수는 없습니다. 그렇다면 하나님께서 예배를 잘 드렸다고 말씀하시는 사람은 어떻게 예배하는 사람일까요?

사무엘하 6장 12-23절에는 다윗이 하나님의 언약궤를 맞이하는 장면이 기록되어 있습니다.

¹² 어떤 사람이 다윗 왕에게 아뢰어 이르되 여호와께서 하나님의 궤로 말미암아 오벧에돔의 집과 그의 모든 소유에 복을 주셨다 한지라 다윗이 가서 하나님의 궤를 기쁨으로 메고 오벧에돔의 집에서 다윗 성으로 올라갈새 ¹³ 여호와의 궤를 멘 사람들이 여섯 걸음을 가매 다윗이 소와 살진 송아지로 제사를 드리고 ¹⁴ 다윗이 여호와 앞에서 힘을 다하여 춤을 추는데 그 때에 다윗이 베 에봇을 입었더라 ¹⁵ 다윗과 온 이스라엘 족속이 즐거이 환호하며 나팔을 불고 여호와의 궤를 메어오니라 ¹⁶ 여호와의 궤가 다윗 성으로 들어올 때에 사울의 딸 미갈이 창으로 내다보다가 다윗 왕이 여호와 앞에서 뛰놀며 춤추는 것을 보고 심중에 그를 업신여기니라 ¹⁷ 여호와의 궤를 메고 들어가서 다윗이 그것을 위하여 친 장막 가운데 그 준비한 자리에 그것을 두매 다윗이 번제와 화목제를 여호와 앞에 드리니라 ¹⁸ 다윗이 번제와 화목제 드리기를 마치고 만군의 여호와의 이름으로 백성에게 축복하고 ¹⁹ 모든 백성 곧 온 이스라엘 무리에게 남녀를 막론하고 떡 한 개와 고기 한 조각과 건포도 떡 한 덩이씩 나누어 주매 모든 백성이 각기 집으로 돌아가니라 ²⁰ 다윗이 자기의 가족에게 축복하러 돌아오매 사울의 딸 미갈이 나와서 다윗을 맞으며 이르되 이스라엘 왕이 오늘 어떻게 영화로우신지 방탕한 자가 염치 없이 자기의 몸을 드러내는 것처럼 오늘 그의 신복의 계집종의 눈앞에서 몸을 드러내셨도다 하니 ²¹ 다윗이 미갈에게 이르되 이는 여호와 앞에서 한 것이니라 그가 네 아버지와 그의 온 집을 버리고 나를 택하사 나를 여호와의 백성 이스라엘의 주권자로 삼으셨으니 내가 여호와 앞에서 뛰놀리라 ²² 내가 이보다 더 낮아져서 스스로 천하게 보일지라도 네가 말한 바 계집종에게는 내가 높임을 받으리라 한지라 ²³ 그러므로 사울의 딸 미갈이 죽는 날까지 그에게 자식이 없으니라

Q.2-1

사무엘하 6장 15-16절을 써 보세요.

Q.2-2

다윗은 여호와의 언약궤를 어떤 모습으로 맞이하고 있나요? (15절)

감격 없는 광복절 기념식　　어떤 사람이 뒷간에 앉아서 볼일을 보다가 우리나라가 일본으로부터 독립되었다는 소식을 듣고 만세 소리에 흥분해 똥통에 빠졌습니다. 그 사람은 똥통에 빠졌지만 독립이 너무 기뻐서 웃었다고 합니다. 그런데 매년 TV로 중계되는 광복절 기념식에 참석한 사람들의 표정은 모두 진지하고 감격이 없어 보입니다.

1945년에 광복을 경험한 선조들에게 그날은 감격 그 자체였습니다. 왜냐하면 나라를 잃었다가 찾은 사람이 '나'이기 때문입니다. 그러나 광복절 기념식에 참석하는 사람들은 그 일을 선조들만큼 자신의 일이라고 생각하지 않습니다. 그저 옛날 일이라고 생각하니 감격이 없는 것입니다.

그런데 많은 청소년이 광복절 기념식에 참석한 사람들처럼 예배드립니다. 예배 때 침묵을 합니다. 찬양도 하지 않고, 기도할 때는 눈만 감고 있습니다. 말씀시간에는 딴생각을 합니다. 나와 상관없는 일이라고 생각합니다. 그러면서 예배드리는 공간에 앉아 있으면 예배를 드리는 것이라고 생각합니다.

하나님(찬양) vs 연예인(가요)

예배 때마다 침묵하는 한 학생에게 "왜 예배 시간에 입술을 열어서 고백하지 않니?"라고 물었습니다. 그 학생은 본인은 원래 소리를 많이 내지 않는다고 했습니다. 전도사님은 그 학생을 내성적인 아이라고 생각했습니다. 그런데 어느 날 학생과 함께 식사하는 중에 TV에 학생이 좋아하는 연예인이 나왔습니다. 학생은 연예인을 보자 "꺅! 너무 좋아."라고 소리쳤습니다.

찬양하지 않는 학생이 있어서 "왜 찬양하지 않니?"라고 물었습니다. 그 학생은 "찬양을 몰라서요."라고 시큰둥하게 대답했습니다. 그런데 몇 시간 뒤 그 학생을 만났는데 학생은 한 가수의 신곡을 흥얼거리고 있었습니다. 더 놀라운 사실은 그 노래는 불과 하루 전에 발표된 노래였습니다. 하루 만에 음과 가사까지 모두 외워서 부르고 있었던 것입니다.

세상을 지으시고 주관하시는 하나님이 나를 사랑하신다는 것을 정말로 믿는다면 앉아서 예배드릴 수 있는 사람은 없습니다. 예수님께서 나를 위해 십자가에서 죽임당하셨다는 것을 믿는다면 눈물 없이는 예배드릴 수 없습니다. 예배는 기념식이 아닙니다. 오늘 나에게 주신 하나님의 은혜에 감격하는 시간입니다.

수련회에서

한 학생이 친구의 초청으로 청소년 집회에 참석했습니다. 그 친구는 예배당에 들어선 순간 깜짝 놀랐습니다. 자신과 비슷한 또래의 청소년들이 가득 차 있었습니다. 어떤 학생들은 방방 뛰며 찬양하기도 하고, 또 어떤 학생들은 펑펑 눈물을 흘리며 찬양하고 있었습니다. 예배당에는 예수님을 부르짖으며 기도하는 학생들이 넘쳐났습니다. 조용히 드리는 예배가 아니었습니다. 그 모습을 보며 '하나님이 우리를 만나고 계시는 중이구나!'라는 생각이 들었습니다.

Q.3

나의 예배를 점검해 봅시다. 나는 예배드릴 때 기쁨과 감격이 있나요? 아니면 그냥 앉아 있나요?

02

영으로 예배하라

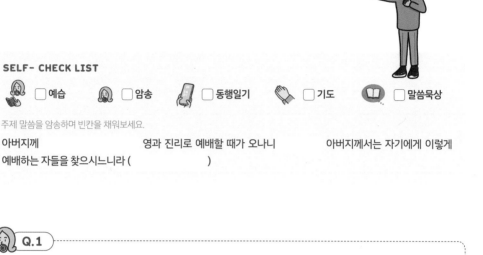

SELF- CHECK LIST

☐ 예습　　☐ 암송　　☐ 동행일기　　☐ 기도　　☐ 말씀묵상

주제 말씀을 암송하며 빈칸을 채워보세요.

아버지께
예배하는 자들을 찾으시느니라 (

영과 진리로 예배할 때가 오나니
　　　　　　）

아버지께서는 자기에게 이렇게

Q.1

어떤 예배가 좋은 예배인가요? 좋은 예배에 가장 필요한 조건은 무엇인가요?

　　좋은 예배란 어떤 예배일까요? 좋은 예배에는 무엇이 필요할까요? 은혜로운 말씀이 있으면 좋은 예배라고 생각합니다. 그렇다면 좋은 예배를 위해서는 감동적인 설교를 전해줄 설교자가 필요합니다. 좋은 예배는 은혜로운 찬양도 필요하다고 생각합니다. 그러면 성령충만한 찬양인도자와 실력 있는 찬양팀이 필요합니다. 혹은 크고 아름다운 예배당이 필요하다고 생각하기도 합니다. 그러나 예수님은 예배에 가장 필요한 것이 설교나 찬양이나 장소가 아니라고 말씀하셨습니다. 예수님은 예배에 꼭 필요한 두 가지를 말씀하셨습니다.

Q.2-1

요한복음 4장 23절을 써 보세요.

Q.2-2

요한복음 4장 23절에서 예수님은 예배에 가장 중요한 두 가지 조건을 무엇이라고 하셨나요?

요한복음 4장에 나오는 이야기입니다. 예수님은 사마리아를 지나가시다가 한 여인을 만납니다. 이 여인은 한낮에 물을 얻기 위해 우물로 나왔습니다. 예수님은 여인에게 목마름이 있다는 것을 알아보셨습니다. 그것은 육신의 목마름이 아니라 영혼의 목마름이었습니다. 그래서 예수님은 여인에게 영원히 목마르지 않는 물을 주시겠다고 말씀하셨습니다. 그러자 이 여인은 어디에 가서 예배를 드려야 할지 예수님께 물었습니다. 예수님께서는 장소가 중요하지 않다고 말씀하십니다. 참 예배의 조건은 영과 진리로 드리는 예배라고 말씀하셨습니다.

그렇다면 영으로 드리는 예배란 무엇일까요? 마음에 예수님을 모신 사람, 성령님을 모신 사람은 예배를 향한 갈망이 있습니다. 예배를 사모하고 전심으로 드리고 싶은 마음이 있습니다. 이것이 영으로 드리는 예배입니다.

Q.3

갑자기 예배를 드리고 싶은 마음이 든 적이 있나요? 언제 그런 마음이 들었나요?

야곱은 형인 에서를 피해서 도망가던 길에 길바닥에 지쳐 쓰러져 잠이 듭니다. 잠이 든 야곱은 환상 중에 천사가 사다리를 타고 하늘로 올라가는 것을 보게 됩니다. 그리고 그곳에서 하나님을 만납니다. 야곱은 돌을 모아 단을 쌓고 하나님을 예배합니다. 야곱 안에 하나님을 향한 갈망이 있었던 것입니다.

다윗은 어린 시절 들판에서 양 떼를 치며 하나님을 찬양하고 예배했습니다. 그때 그가 지었던 노래들이 시편에 있습니다. 아무도 없는 들판이지만 다윗 안에는 하나님을 예배하고 싶은 갈망이 있었습니다.

예배에 대한 갈망

중동에서 한 아이가 납치당했습니다. 이슬람 극단주의자들이 아이의 아버지에게 예수를 부인하지 않으면 아이를 죽이겠다고 협박했습니다. 그러자 아버지는 아이를 살리기 위해 어쩔 수 없이 예수님을 부인했습니다. 아버지가 예수님을 부인했음에도 불구하고 사람들은 무자비하게 폭탄을 터트렸습니다. 결국 아이는 하반신 전체가 터져버렸습니다.

그러나 아이는 하나님을 원망하지 않았습니다. 그 아이는 하반신을 다치고도 아버지가 끌어주는 휠체어를 타고 매주 하나님께 예배드리러 갔습니다. 테러범들이 산등성이에 이런 팻말을 붙여놓았습니다. "예수를 '주'라고 부르는 자, 산을 오르다 죽을 것이다." 예배를 드리러 올라가는 길에 보이는 이 섬뜩한 문구를 보고도 그 아이는 올라갔습니다. 자기 목숨보다 하나님을 예배하고 싶은 갈망이 더 컸기 때문입니다.

최고의 예배 자리

한 청년이 자신이 드렸던 최고의 예배를 이야기했습니다. "저는 대학생 때 하나님께서 학교 앞에서 전도하라는 마음을 주셨습니다. 그래서 전도지를 챙겨서 학교에 갔습니다. 그런데 막상 학교 앞에서 전도하려고 하니까 너무 창피하고 부끄러웠습니다. 저는 속으로 '제발 아는 사람 안 만나게 해주세요.'라고 기도했습니다. 그런데 한편으로는 마음에 하나님을 향한 갈망도 있었습니다. 전도하는 중에 하나님께서 나를 주목하고 계신 것이 너무나도 분명하게 믿어졌습니다. 그 자리가 저에게는 최고의 예배 자리였습니다."

예배에 가장 중요한 요소는 설교자나 찬양팀, 교회 건물과 같은 것이 아닙니다. 예배를 향한 목마름과 갈망이 가장 중요한 조건입니다. 아무도 예배하는 사람이 없는 학교에서 하나님을 예배하고 싶은 마음이 일어난다면 그것이 진짜 예배입니다. 군대에 간 형제들은 주일인데도 예배에 갈 수가 없어서 혼자 화장실에서 기도하고 예배드렸다고 했습니다. 다른 조건이 필요한 것이 아닙니다. 예배를 드리고 싶은 갈망, 그것이 참 예배의 조건입니다.

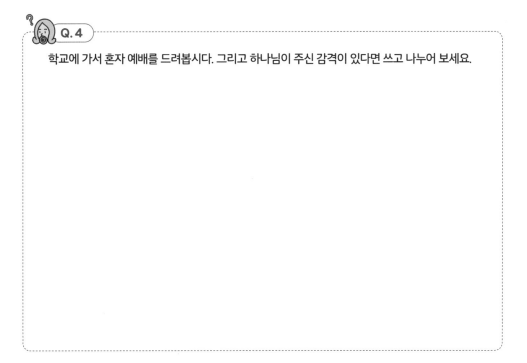

Q.4

학교에 가서 혼자 예배를 드려봅시다. 그리고 하나님이 주신 감격이 있다면 쓰고 나누어 보세요.

03

진리로 예배하라

SELF- CHECK LIST

☐ 예습   ☐ 암송   ☐ 동행일기   ☐ 기도   ☐ 말씀묵상

주제 말씀을 암송하며 빈칸을 채워보세요.

아버지께   아버지께서는 자기에게 이렇게
예배하는 자들을 찾으시느니라 (   )

마니아들의 열정 1

서울에 있는 한 애플 매장에 끝없는 줄이 있었습니다. 그 이유는 출시된 아이폰을 가장 먼저 구매하기 위해 사람들이 모인 것이었습니다. 사람들은 학교나 회사를 빠지기도 하고 추운 겨울에 15시간을 밖에서 기다리기도 했습니다. 심지어 2박 3일을 노숙하는 사람도 있었습니다.

마니아들의 열정 2

한 중학생은 좋아하는 가수를 보기 위해 학교를 일찍 조퇴하고 콘서트장을 찾았습니다. 이 학생에게는 자신이 좋아하는 연예인을 보는 것이 가장 중요했습니다. 꽤 오랫동안 한 가수의 팬으로 콘서트장, 사인회, 팬미팅 등을 모두 따라다녔다고 합니다. 그 가수를 만날 수 있는 곳이라면 늘 만사를 제쳐두고 달려갔습니다.

많은 사람에게는 각자마다 열광하는 것이 있습니다. 그 열광에는 항상 열광의 대상이 존재합니다. 많은 아이돌 그룹이 나오는 공연을 한다고 하면 자기가 좋아하는 가수를 보려고 가는 팬들이 있습니다. 특정한 가수나 아이돌 그룹을 좋아하는 팬들은 자신

이 좋아하는 연예인이 나오면 소리지르고 손을 흔들며 열광합니다. 이처럼 사람들이 좋아하는 것에는 대상이 명확합니다. 좋아하는 대상에 따라 옷이나 소품을 맞추기도 합니다. 스포츠도 마찬가지입니다. 사람들이 왜 스포츠 경기에 열광할까요? 응원하는 대상이 있고 열광하는 대상이 있기 때문입니다. 연예인이나 스포츠처럼 좋아하는 것, 열광하는 것에는 항상 대상이 있습니다. 그리고 그 대상이 아주 분명합니다.

그런데 우리의 예배는 어떤가요? 예배의 대상이 누구인지 알고 있나요? 예배는 늘 드리지만 예배의 대상이 명확하지 않을 때가 많습니다. 그러나 우리의 예배에는 명백한 대상이 있습니다.

Q.1

예배를 연극에 비유한다면 배우는 누구일까요? 또 관객은 누구일까요?

예배를 연극에 비유해 봅시다. 연극에는 배우와 관객이 있습니다. 예배에 있어서 배우는 누구일까요? 보통은 예배에 순서를 맡은 사람이라고 생각하기 쉽습니다. 찬양인도자나 찬양팀, 설교자처럼 무대(강단)에 서있는 사람을 배우라고 생각합니다. 그러면 관객은 누구입니까? 예배에 참여한 성도들, 회중을 관객이라고 생각합니다. 그러나 이것은 잘못된 생각입니다.

예배에는 명백한 대상이 있습니다. 이 예배를 지켜보고 계신 분, 이 예배를 받으시는 분은 하나님이십니다. 관객은 하나님이십니다. 그렇다면 배우는 누구일까요? 목사님이 아니라 예배를 드리는 모든 회중이 배우입니다. 배우가 무대 위에서 최선을 다해서 자신의 역할을 표현하는 것처럼, 우리는 유일한 관객이신 하나님 앞에 우리의 마음을 표현하는 것입니다. 찬양을 부르고, 감사를 드리고, 사랑을 표현하고, 하나님의 뜻대로 살겠다고 우리의 결심을 보여드리는 것, 그것이 예배입니다.

그렇다면 왜 하나님은 예배의 대상이 되신 것일까요? 우리는 하나님을 왜 찬양하고, 무엇에 감사하고, 사랑한다고 고백해야 하는 것일까요? 그 중심에는 십자가가 있습니다.

우리가 믿는 하나님은 어떤 분이신가요? 우리를 만드시고, 사랑하시는 분입니다. 하나님은 우리가 죄로 인해 불행하게 되고, 멸망하게 되는 것을 불쌍하게 여기셨습니다. 하나님은 그 죄에서 우리를 자유롭게 하시기 위해서 자신의 아들이신 예수님을 사람의 모습으로 세상에 보내셨습니다. 그래서 예수님은 우리 죄를 대신해서 십자가에서 죽으심으로 우리의 죗값을 치르셨습니다. 예수님은 죽으셨다가 부활하셨고 이제 성령을 우리에게 보내주셔서 늘 우리와 함께하십니다.

주님을 만난다는 것

"고등학교 2학년 때 수련회를 갔습니다. 중학교 2학년 때보다 성장했지만, 예수 그리스도의 대속하신 은혜는 잘 몰랐습니다. 수련회에서 수천 명의 사람 중에 한 여학생이 울면서 찬양하는 모습을 봤습니다. 당시 저로선 전혀 이해할 수 없었습니다. (중략)

그리고 이듬해, 기가 막히게 시간이 맞아 2박 3일 수련회를 갈 수 있었습니다. 첫날부터 하나님을 만날 줄 알았는데 응답이 없으셨습니다. 얼마나 섭섭하고 분했는지 모릅니다. 그래도 하루가 더 있으니까 다음날을 기대했습니다. 다음날, 제일 먼저 일어나서 교회 강당에서 오늘은 저 좀 만나 달라고 혼자 기도했습니다. (중략)

그날 밤, 저는 성령으로 방언하고 회개했습니다. 몸이 뜨거워지면서 일곱 살 때 동네 슈퍼에서 물건 훔친 것부터 지금까지 지은 모든 죄를 방언으로 회개하게 하셨습니다. 그날 저는 제 모든 걸 내려놓았습니다. 성령의 흐름에 그냥 맡기기 시작했습니다.

그리고 하나님께 약속했습니다. 내 평생 하나님을 위해 살다가 죽겠다고, 축구도 하나님을 위해 하겠다고! 저는 그 이후로 수요예배, 철야예배, 예배라는 모든 예배를 지금까지 빠지지 않았고, 믿지 않는 영혼이 눈앞에 보이면 그냥 지나친 적이 없었습니다."

(갓피플, 축구선수 김신욱 간증 중)

Q.2

요한복음 4장 23절에서 하나님은 참되게 예배하는 자들은 무엇으로 예배하는 사람이라고 했습니까? 빈칸을 채워 보세요.

하나님께 참되게 예배하는 자들은 영과 (　　　　　)로 예배할 때가 오나니 곧 이 때라 아버지께서는 자기에게 이렇게 예배하는 자들을 찾으시느라

바로 이것이 우리가 예배하는 이유입니다. 진리로 예배한다는 말은 십자가 복음을 기뻐하고 우리를 용서하고 사랑하시는 하나님께 감사와 찬양과 영광을 드리는 것입니다.

Q.3

하나님이 왜 나에게 예배를 받으시기에 합당하신 분인지 쓰고 나누어 보세요.

04

예배는 하나님과 만나는 시간

☐ 예습   ☐ 암송   ☐ 동행일기   ☐ 기도   ☐ 말씀묵상

주제 말씀을 암송하며 빈칸을 채워보세요.

아버지께   아버지께서는 자기에게 이렇게

(   )

Q.1

설교시간은 나에게 어떤 의미인가요? 솔직하게 써 보세요.

김일성의 어린 시절

강돈욱은 일제시대 교육가였고 교회에서는 장로였습니다. 그에게는 강반석이라는 딸이 있었습니다. 강돈욱은 딸에게 반석이라는 이름을 지어줄 만큼 믿음이 좋았습니다. 그리고 딸 반석이가 장성하자 동네 총각인 김형직을 남편으로 짝지어 줬습니다. 그리고 김형직과 강반석 사이에서 김성주라는 아들이 태어났습니다. 김성주는 북한 정권을 세운 김일성의 어린 시절 이름입니다. 무신론자가 되고 공산정권을 세운 김일성이 믿음의 가정에서 태어났다는 사실은 참 안타까운 일입니다. 그런데 김일성 자서전에 그가 어린 시절 드렸던 예배에 대해서 이런 기록이 있습니다. "어머니는

일요일마다 내 손을 붙들고 교회에 갔다. 목사의 설교는 길고 지루했다. 어머니는 계속 졸았다."

예배시간에 가장 긴 순서는 말씀을 듣는 시간입니다. 많은 청소년이 이 시간을 지루해 하고 힘들어합니다. 다른 생각을 하거나 핸드폰을 보기도 합니다. 말씀을 감동적인 예화나 유익한 교훈을 듣는 시간이라고 생각하거나, 그저 목사님이나 전도사님의 경험담을 듣는 시간이라고 생각하기도 합니다. 교장 선생님이 하시는 개학식 훈화와 설교가 비슷한 것이라고 여깁니다.

예배시간에 우리는 왜 말씀을 들을까요? 그것은 말씀을 통해서 우리가 하나님을 만나기 때문입니다. 말씀을 듣는 시간은 단순히 설교를 듣는 시간이 아니라 설교를 통해 하나님을 만나는 시간입니다.

다윗은 밧세바와 간음하고, 밧세바의 남편인 우리아를 전쟁터로 몰아 죽게 한 무서운 죄를 지었습니다. 그러나 다윗은 이 일에 대해서 죄책감을 느끼거나 심각하게 생각하지 않았습니다. 하나님께서 나단이라는 선지자를 다윗에게 보내셨습니다. 나단 선지자는 다윗 앞에서 이런 이야기를 했습니다.

어떤 마을에 부자와 가난한 사람이 살았습니다. 부자는 양과 소가 셀 수 없이 많았고 가난한 사람은 암양 한 마리만 있었습니다. 그런데 부자가 손님을 대접하기 위해서 양을 잡으려고 보니까 자신의 양이 아깝다는 생각이 들었습니다. 그래서 가난한 사람이 가지고 있는 암양 한 마리를 빼앗아다가 그것으로 손님들을 대접했다는 것입니다. 다윗은 그 이야기를 듣고 크게 화를 내었습니다. 그리고 "여호와의 살아 계심을 두고 맹세한다. 그 부자는 죽을 것이다."라고 소리쳤습니다. 그때 나단 선지자가 다윗에게 뭐라고 했을까요?

Q.2

사무엘하 12장 7절을 써 보세요.

이것이 바로 하나님 말씀을 듣는 태도입니다. 설교시간은 감동적인 이야기나 설교자의 경험을 듣는 시간이 아닙니다. 하나님이 나에게 말씀하시는 시간입니다. 하나님이 나에게 말씀하시는 시간이라고 생각하면 지루할 틈이 없습니다. 남의 이야기라고 생각하니 지루하고 따분한 것입니다.

예배는 말씀을 통해서 내 안에 숨겨져 있는 죄를 드러내고 회개로 초청하는 시간입니다. 심판 날에 하나님 앞에 선다고 생각해 보십시오. 얼마나 떨리고 두렵겠습니까? 말씀 앞에 선다는 것은 두렵고 떨리는 마음으로 하나님 앞에 서는 것입니다. 그것이 우리가 예배를 통해 하나님을 만나는 길입니다.

전심으로 드리는 예배 　　어느 고등학생의 간증입니다. 학생은 자신이 교회를 잘 다니고 예배도 잘 드리고 있다고 생각했습니다. 그런데 교회 친구 중에 마음에 들지 않는 친구가 있었습니다. 시간이 갈수록 그 친구가 점점 미워졌습니다. 하나부터 열까지 다 마음에 들지 않았습니다. 그 친구는 예수님을 만난 지 얼마 안 된 친구였습니다. 그래서 교회에 대해 잘 알지 못해 실수가 많았습니다. 그렇지만 그 모습을 이해해 주기 보다는 짜증을 냈습니다. 게다가 시험 기간에 그 친구가 교회를 빠지는 것을 보고 험담했습니다.

어느 날은 전도사님이 마음을 다해 예배를 드려야 한다고 말씀을 전하셨습니다. 학생은 속으로 시험 기간에 교회를 빼먹는 그 친구가 들어야 하는 말씀이라고 생각했습니다. 그리고는 그 이야기를 어머니께 했습니다. 어머니는 잠시 후에 이렇게 물어보셨습니다. "그래서 너는 예배를 전심으로 드리고 있니?" 학생은 어머니의 물음에 머리를 크게 한 대 맞은 것 같은 느낌이었습니다. 그 친구의 잘못만 찾고 있는 자신의 모습이 절대로 바른 예배의 모습이 아니라는 것이 깨달아졌기 때문입니다. 그러자 전심으로 예배를 드리라는 말씀이 비로소 자신에게 하신 하나님의 말씀이라는 것을 알게 되었습니다.

Q.3

예배를 통해 하나님께서 나에게 하시는 말씀이라고 느껴진 적이 있나요? 있다면 쓰고 나누어 보세요.

05

삶으로 드리는 예배

SELF- CHECK LIST

☐ 예습   ☐ 암송   ☐ 동행일기   ☐ 기도   ☐ 말씀묵상

주제 말씀을 암송하며 빈칸을 채워보세요.

(   )

Q.1

예배를 드릴 때의 나의 모습과, 학교에서의 나의 모습을 비교해 봅시다. 어떤 차이가 있나요?

삶 속에서의 예배

"저는 교회에서 찬양팀으로 봉사하고 있습니다. 일찍 교회에 가서 예배를 준비하고 예배시간에는 사람들 앞에서 찬양합니다. 그러나 저의 학교생활은 교회 생활과 아주 다릅니다. 학교에서 친구들과 대화할 때면 저도 모르게 친구들처럼 욕을 합니다. 어느 날 문득 '한 입으로 찬양과 욕을 동시에 하는 것이 정상일까?' 하는 생각이 들었습니다." (중3 남학생 간증)

많은 청소년이 주일 오전에 한 번 예배를 드립니다. 그리고 그 시간이 지나면 예배가 끝났다고 생각합니다. 예배를 드릴 때는 찬양도 하고 기도도 하니 경건해 보입니다. 그러나 집이나 학교에 가서는 전혀 다른 사람이 됩니다. 일주일에 단 두 시간만 거룩하게 사는 사람을 예수님의 사람이라고 할 수 없습니다. 예배는 그렇게 끝나는 것이 아닙니다. 참 그리스도인은 예배드리는 마음과 태도로 매일을 살아가는 사람입니다.

Q.2

로마서 12장 1절을 써 보세요.

우리의 몸을 하나님이 기뻐하시는 거룩한 제물로 드리라는 말은 가정에서나, 학교에서나, 우리가 있는 모든 곳에서 예배드리는 마음으로 살아야 한다는 의미입니다. 성경은 이것이 진짜 예배라고 가르쳐 주고 있습니다.

로렌스 형제 15세기에 살았던 로렌스 형제Brother Lawrence라는 수도사가 있습니다. 그가 쉰 살이 되었을 때, 그는 거룩한 삶을 살기로 결심하고 파리에 있는 카르멜 수도원에 들어갔습니다. 수도원에서 그에게 주어졌던 일은 주방에서 음식을 만드는 것이었습니다. 로렌스 형제는 행동이 굼뜨고 느려서 일을 못했고 모든 일이 힘들다고 느꼈습니다. 그러나 언젠가부터 그의 마음이 달라졌습니다. 자신이 주방 일을 하는 것이 아니라, 하나님의 영광을 위해 일하고 있다는 생각이 든 것입니다. 그리고 예배를 드리는 것처럼 주방 일을 하기 시작했습니다.

로렌스 형제는 말했습니다. "저는 프라이팬에서 계란 프라이를 뒤집는 것도 하나님을 사랑하기 위해서 합니다. 저는 하나님을 사랑하기 위해서라면 땅에 떨어진 지푸라기 하나를 줍는 일에도 만족을 느낍니다."

언젠가부터 사람들은 로렌스 형제에게 놀라운 일이 일어나고 있다는 것을 알았습니다. 그에게는 주방이 곧 자신의 예배당이었습니다.

한 교회의 청소년부에서는 사순절 기간에 학생들에게 십자가 목걸이를 나누어 주었습니다. 그리고 십자가 목걸이를 걸고 학교에 가보라고 도전했습니다. 많은 학생이 이 일에 동참했습니다. 십자가 목걸이를 걸고 학교에 간 학생들은 선생님들과 친구들에게 주목받았습니다. 여러 질문도 받았습니다. "너 교회에 다니니?", "왜 십자가 목걸이를 하고 학교에 왔니?", "교회는 어떤 곳이니?" 등의 질문이었습니다. 이렇게 예수님 믿는 사람이라는 것이 공개되고 나니 행동 하나, 말 한마디에도 신경이 쓰이기 시작했다고 합니다.

주님과 함께 지는 십자가   "오늘 십자가 목걸이를 목에 걸고 학교에 갔다. 어느 때보다 기분이 좋았다. 우리 반에는 교회에 다니는 친구들이 별로 없다. 그래서인지 십자가 목걸이를 하는 나에게 친구들은 하나 같이 물어봤다. "너도 교회 다니고 있었구나. 그런데 그냥 교회만 잘 다니면 되지. 왜 십자가를 목에 걸고 다녀?" 나는 갑작스러운 질문에 당황했지만 곧바로 대답했다. "예수님이 나와 너희들을 위해서 십자가를 지셨고 고통당하신 거를 알아? 그래서 나도 십자가를 지고 2주간 살아보려고."라고 대답하니까 친구들은 멋지다며 웃었다. 그래서 나는 예수님이 나를 통해서 우리 반 친구들을 구원해 주시려고 하신다는 생각이 들었다. 그래서 감사했고 내일도 예수님이 나에게 하실 일들이 기대된다." (중3 여학생 간증)

십자가 목걸이를 걸고 학교에 가기만 해도 우리의 모습은 달라집니다. 그런데 나의 삶이 예배가 된다면 우리의 모습은 얼마나 달라질까요? 공부가 하나님을 예배하는 일이라면 공부에 소홀히 할 수 없을 것입니다. 친구를 사귀는 일이 하나님을 예배하는 일이면, 누구를 미워하거나 왕따 시키는 일은 할 수 없을 것입니다.

하나님은 일주일에 한 번, 짧은 시간의 예배를 원하시지 않습니다. 하나님은 우리의 삶이 예배가 되기를 원하십니다.

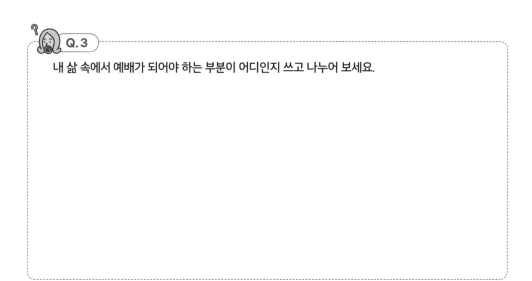

Q.3

내 삶 속에서 예배가 되어야 하는 부분이 어디인지 쓰고 나누어 보세요.

소그룹 나눔

마음 열기

1. 지난 한 주를 어떻게 보냈나요? 돌아가면서 반원들과 나누어 보세요.

2. 시작기도를 하고 본격적인 소그룹 나눔을 시작합니다.

1. **지난 단원을 복습해 봅시다.**

   a. 우리는 무엇을 할 때 하나님의 도우심을 경험하나요?

   b. 하나님과 친해지려면 해야 하는 것은?

   c. 마귀가 제일 잘하는 것은?

   d. 우리가 마귀와의 싸움에서 승리하는 방법은?

2. **지난주 출석과 예습, 암송, 예수동행일기, 기도, 말씀묵상을 충실히 했는지 같이 점검해 봅니다.**

3. **성경 암송 과제를 함께 암송합니다.** 암송 구절: 요한복음 4장 23절

나눔

01 감격의 예배 (P.109)

Q. 나의 예배를 점검해봅시다. 나는 예배드릴 때 기쁨과 감격이 있나요? 아니면 그냥 앉아 있나요?

02 영으로 예배하라 (P.113)

Q. 학교에 가서 혼자 예배를 드려봅시다. 그리고 하나님이 주신 감격이 있다면 쓰고 나누어 보세요.

03 진리로 예배하라 (P.117)

Q. 하나님이 왜 나에게 예배를 받으시기에 합당하신 분인지 쓰고 나누어 보세요.

04 예배는 하나님과 만나는 시간 (P.121)

Q. 예배를 통해 하나님께서 나에게 하시는 말씀이라고 느껴진 적이 있나요? 있다면 쓰고 나누어 보세요.

05 삶으로 드리는 예배 (P.125)

Q. 내 삶 속에서 예배가 되어야 하는 부분이 어디인지 쓰고 나누어 보세요.

마무리

1. 친구들에게 자신의 기도제목을 나눕니다. 자신과 다른 친구들의 기도제목을 이곳에 적어봅시다.

2. 다음 주 성경 암송 구절: 마태복음 28장 19-20절

   [19] 그러므로 너희는 가서 모든 민족을 제자로 삼아 아버지와 아들과 성령의 이름으로 세례를 베풀고 [20] 내가 너희에게 분부한 모든 것을 가르쳐 지키게 하라 볼지어다 내가 세상 끝날까지 너희와 항상 함께 있으리라 하시니라

그러므로 너희는 가서
모든 민족을 제자로 삼아
아버지와 아들과 성령의 이름으로
세례를 베풀고
내가 너희에게 분부한 모든 것을
가르쳐 지키게 하라
볼지어다 내가 세상 끝날까지
너희와 항상 함께 있으리라 하시니라

마태복음 28장 19-20절

CHAPTER 10

전도자의 사명

01

전도는 전하는 것이다

SELF- CHECK LIST

☐ 예습   ☐ 암송   ☐ 동행일기   ☐ 기도   ☐ 말씀묵상

주제 말씀을 암송하며 빈칸을 채워보세요.

그러므로 너희는 가서   아버지와 아들과 성령의 이름으로 세례를 베풀고 내가 너희에게
분부한 모든 것을 가르쳐 지키게 하라 볼지어다 내가 세상 끝날까지 너희와 항상 함께 있으리라 하시니라
(마태복음 28장 19-20절)

Q.1

전도해 본 경험이 있나요? 그 경험을 써 보세요.

Q.2

'전도'라고 하면 어떤 이미지가 생각나나요?

많은 청소년이 전도를 어려운 것이라고 생각합니다. 지하철이나 거리에서 큰 소리로 전도하는 전도자에 대한 부정적인 이미지를 생각하기도 합니다. 전도는 평범한 학생이 할 수 있는 일이 아니라 특별한 은사가 있는 사람들이 할 수 있는 일이라고 생각합니다.

기독교의 암흑시대 초대교회는 매우 어려운 여건에서 기적적인 성장을 했습니다. 예수님을 믿는다는 이유만으로 엄청난 핍박과 경제적인 손실을 감수해야만 했습니다. 그럼에도 놀라운 것은 열악한 상황에서도 복음은 무섭게 전파되었다는 것입니다.

이런 추세로 가면 땅끝까지 복음이 전해지는 것은 시간문제일 것 같았습니다. 그런데 문제가 생겼습니다. 콘스탄틴 황제가 기독교를 국교로 선포한 후에는 모든 로마시민은 전도할 필요도 없이 자동으로 교인이 된 것입니다. 그들은 진정한 회개와 신앙고백도 없이 세례를 받고 교인이 되었습니다.

교회는 막강한 재력과 권세를 가졌으나 하나님의 능력은 사라져 버렸습니다. 그런 사람들이 복음을 전하지 않는 것은 당연했습니다. 그래서 그들은 전도란 '특별히 훈련받은 사람만 하는 것'이라는 생각을 교회 안에 심어 놓았습니다. 그런 생각이 교회 안에 자리 잡게 되자 교회는 곧 암흑시대로 접어들고 말았습니다.

전도에는 여러 가지 장애물이 있습니다. 사실 어떤 시대에도 전도가 쉬웠던 적은 없습니다. 불신자의 마음이 좋아서 전도가 저절로 되었을 때는 없었습니다. 전도하는 사람의 열정과 열심 때문에 전도의 문이 열린 것입니다. 전도의 가장 큰 문제는 환경이나 불신자의 마음이 아닙니다. 전도가 어렵다고 생각하는 마음이 전도의 가장 큰 걸림돌입니다. 전도라고 하면 해 볼 생각도 안 하고, "난 못 해."라고 결론을 내버리는 마음이 전도를 막고 있는 것입니다. 그렇다면 정말 전도는 어려운 것일까요?

Q.3

오늘 백화점에 갔다가 연예인과 같은 엘리베이터에 탔다고 가정해 봅시다. 이 사실을 주변 사람들에게 알리겠습니까? 아니면 비밀로 간직하겠습니까?

연예인을 본 이야기는 쉽게 주변 사람들에게 말하곤 합니다. 친구에게 전하는 것이 어려운 일인가요? 아닙니다. 그저 본 것을 말하는 것입니다. 또 그 연예인과 악수했다면 그것 역시 말하기 어렵지 않습니다. 전도도 이와 같습니다. 좋은 것을 좋다고 말하는 것일 뿐입니다.

Q.4

사도행전 1장 8절을 써 보세요.

예수님께서는 성령이 임하시면 "내 증인이 되리라."라고 말씀하셨습니다. 증인은 보고 듣고 경험한 것을 사실 그대로 말하는 사람입니다. 만약에 여러분이 다리가 갑자기 끊어진 것을 봤다고 가정해 봅시다. 끊어진 다리를 향해 가는 사람이 있다면, 당연히 말해주고 가지 못하게 말리지 않겠습니까?

마찬가지입니다. 예수님을 통해서 죄에서 구원받았다면, 천국과 지옥을 알게 되었다면, 이 사실을 전하지 않는 것은 오히려 이상한 일입니다. 우리가 천국과 지옥을 실제로 믿는다면, 믿지 않는 가족이나 친구에게 욕을 먹고 뺨을 맞는 한이 있어도 "제발 부탁인데 지옥은 가지 말아야 해요."라고 말하게 되지 않을까요?

전도의 소중함　　　　　한 집사님의 이야기입니다. 이 집사님은 서른이 다 되어 처음 예
　　　　　　　　　　　　수님을 믿게 되었습니다. 예수님을 믿게 되니 너무 행복하고 감사

했습니다. 삶의 의미와 목적을 찾았고 천국에 갈 수 있다는 확신도 생겼습니다. 그런데 이상
한 생각이 들었습니다.

'내 주위에 교회에 다니는 친구들이 많았는데, 친구들은 왜 나에게 이렇게 좋은 예수님
을 알려주지 않았을까?라는 생각이었습니다. 생각해 보니 괘씸하고 화가 났습니다. 그래서
전화를 들고 교회에 다니는 모든 친구에게 따졌습니다. "너는 이렇게 좋은 것을 믿고 있으
면서 도대체 왜 나에게는 이야기를 안 했니? 내가 예수님 만나기 전에 죽어서 지옥이라도
갔다면 너를 얼마나 원망했겠어?"

Q.5

내가 복음을 전하지 않아서 원망할 사람이 누구인지 쓰고 나누어 보세요.

02

나는 정말 하나님을 사랑하는 사람인가?

SELF- CHECK LIST

☐ 예습 ☐ 암송 ☐ 동행일기 ☐ 기도 ☐ 말씀묵상

주제 말씀을 암송하며 빈칸을 채워보세요.

그러므로 너희는 가서
분부한 모든 것을 가르쳐 지키게 하라 볼지어다
(마태복음 28장 19-20절)

아버지와 아들과 성령의 이름으로 세례를 베풀고 내가 너희에게
함께 있으리라 하시니라

우리는 끊임없이 자신의 영적 상태를 점검하며 살아야 합니다. 그것이 영적인 건강을 유지하는 길입니다. 자신의 영적 상태를 점검하는 좋은 방법은 전도입니다. 전도는 우리의 영적 상태를 점검해 주는 기준 중 하나입니다. 그렇다면 전도를 통하여 어떻게 영적인 상태를 점검할 수 있을까요?

Q.1

요한복음 21장 17절을 써 보세요.

예수님께서는 베드로에게 나를 사랑하느냐고 물으셨습니다. 베드로가 사랑한다고 대답했더니, "내 양을 먹이라."라고 말씀하셨습니다. 예수님을 사랑한다면 잃은 양을 찾

아 먹이고 돌봐야 한다는 뜻입니다.

누군가를 사랑한다면 사랑하는 사람이 기뻐하는 일에 관심을 갖게 됩니다. 예수님은 잃어버린 양들이 회개하고 하나님의 품으로 돌아오는 것을 기뻐하십니다. 그러므로 우리가 진정으로 예수님을 사랑한다면 잃은 양에게 관심을 가지는 것은 당연한 일입니다. 그러나 많은 사람이 잃은 양을 찾지 않으면서 예수님을 사랑한다고 착각하고 있습니다.

전도는 우리가 예수님을 이용하는 사람인가 아니면 사랑하는 사람인가를 진단해 줍니다. 우리는 예수님께 '시험 잘 보게 해 달라.', '스마트폰을 사 달라.', '좋은 학교에 입학하게 해 달라.'라는 등 구하는 것이 많습니다. 그러면 우리가 예수님을 위해 하는 일은 무엇이 있습니까? 예수님이 기뻐하시는 일에는 관심이 없고, 예수님으로부터 응답이나 축복만을 받으려는 사람은 예수님을 이용하는 사람입니다. 가룟 유다가 결국 예수님을 배신한 이유는 예수님을 사랑하지 않고 이용하려고만 했기 때문입니다.

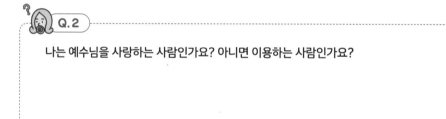

Q.2

나는 예수님을 사랑하는 사람인가요? 아니면 이용하는 사람인가요?

청소년들과 함께 신앙생활을 하다 보면 교회에 오래 다닌 학생일수록 전도를 어려워합니다. 교회에 처음 나온 학생들은 다른 친구들을 데리고 교회에 오기를 어려워하지 않습니다. 그런데 모태신앙인 학생들은 전도 축제를 한다고 친구를 데리고 오라고 해도 데리고 올 사람이 없다고 합니다. 왜 그럴까요?

이번 주에 한 명의 친구를 전도해 교회에 데리고 왔다고 가정해 봅시다. 무엇이 불편하게 느껴질까요?

교회에 오래 다닌 학생들은 교회에 친구가 많습니다. 그러니 굳이 다른 친구를 데리고 와서 함께 할 이유가 없습니다. 친구를 전도하면 다른 사람에게 소개도 해주고, 교회에 잘 정착하도록 도와주는 일이 귀찮습니다. 게다가 학교 친구들은 학교에서 나의 모습을 알고 있습니다. 나의 학교생활을 교회 선생님이나 친구들에게 낱낱이 공개하면, 지금까지 쌓아온 나의 이미지에 금이 갈까 걱정이 되기도 합니다. 그래서 전도가 어렵습니다. 하지만 이런 모습은 온전한 그리스도인의 태도가 아닙니다. 예수님께서는 "네 이웃을 네 몸과 같이 사랑하라."라고 말씀하셨습니다. 친구를 위해 목숨을 내놓아도 모자르다는 말입니다.

하나님께서는 그리스도인을 복의 근원으로 삼으셨습니다. 하나님의 은혜와 축복을 세상으로 흘려보내는 통로 역할을 하도록 부르심을 받았습니다. 그런데 많은 그리스도인이 은혜를 받아도 금세 잊어버리고 맙니다. 은혜를 받으려고만 했지 흘려보내지 않았기 때문입니다. 예를 들어 설교를 통해 은혜를 받았다고 생각해 봅시다. 자신이 받은 은혜를 다른 사람에게 전하면 그 은혜는 오래 간직되고 자기의 것이 됩니다. 그러나 마음에만 담아 두면 금방 잊어버리고 맙니다.

갈릴리 호수와 사해

이스라엘에는 두 개의 호수가 있습니다. 한 곳은 갈릴리 호수이고 다른 한 곳은 사(死)해(염호)입니다. 갈릴리 호수는 많은 물고기가 살고 주변은 온갖 풀과 나무로 가득합니다. 그러나 사해에는 물고기가 한 마리도 살지 않고 주변은 모두 황무지입니다. 그래서 이름이 사해입니다. 두 호수는 요단강으로 연결되어 있습니다. 똑같은 물이 흐르는데도 한 곳은 살아 있고, 한 곳은 죽은 호수입니다. 무슨 차이가 있을까요?

갈릴리 호수는 물을 가두지 않습니다. 갈릴리 호수로 들어온 물은 요단강으로 흘러나갑니다. 그러나 사해는 요단강으로부터 물이 들어오지만 다른 곳으로 흘려보내지 않습니다. 오직 증발만 일어납니다. 그래서 닫힌 바다라고 불리기도 합니다. 수만 년 동안 염분이 쌓여 죽은 호수가 된 것입니다.

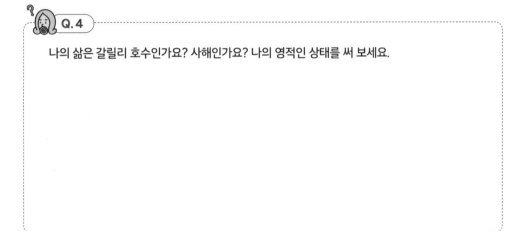

Q.4

나의 삶은 갈릴리 호수인가요? 사해인가요? 나의 영적인 상태를 써 보세요.

03

전도와 영적전쟁

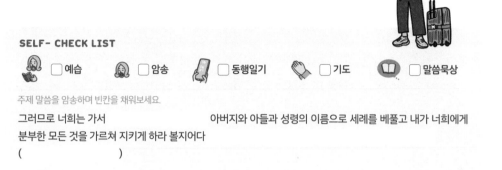

SELF- CHECK LIST

☐ 예습   ☐ 암송   ☐ 동행일기   ☐ 기도   ☐ 말씀묵상

주제 말씀을 암송하며 빈칸을 채워보세요.

그러므로 너희는 가서   아버지와 아들과 성령의 이름으로 세례를 베풀고 내가 너희에게
분부한 모든 것을 가르쳐 지키게 하라 볼지어다
(   )

여러분은 전도하기 위해서 길거리로 나가본 경험이 있습니까? 매일 학교에 가기 위해서 지나쳤던 장소를 전도하기 위해 나간다면 같은 장소라도 완전히 다르게 느껴집니다. 왜 그럴까요?

1. 전도자의 영적전쟁

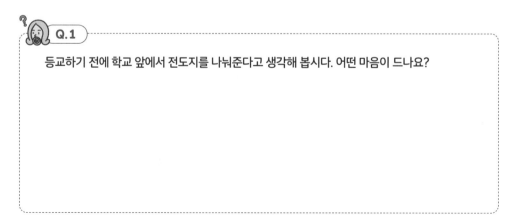

Q.1

등교하기 전에 학교 앞에서 전도지를 나눠준다고 생각해 봅시다. 어떤 마음이 드나요?

학교 앞에서의 전도　　　　　　한 학생이 고등학교에 입학했습니다. 학교와 집을 오가며 많은 사람을 지나치는데 하나님께서 그 사람들에게 전도하라는 마음을 강하게 주셨습니다. 학생은 전도 경험이 없기 때문에 전도하라는 하나님 말씀에 순종하기 어려웠습니다. 그러나 학교를 등교하며 사람들을 볼 때마다 하나님께서 전도하라는 마음을 계속해서 주셨고 순종하는 마음으로 다음날 전도지를 챙겨 등교했습니다.

매번 등교할 때마다 지나가는 길인데도 전도지를 드니 기분이 평소와 달랐습니다. 전도지만 들었을 뿐인데 전도해야 한다는 생각 때문인지 마음이 떨리고 두려웠습니다. '혹시 전도하다가 반 친구들을 만나면 어떡하지?', '날 이상하게 보면 어쩌지?'라는 생각들이 들어 마음이 두려워졌습니다.

사탄은 하나님을 믿지 않는 사람들이 하나님의 자녀가 되는 것을 싫어합니다. 때문에 우리가 전도를 다짐하면 사탄의 방해도 시작됩니다. 학교에 가기 위해서 지나치는 길이 평소에는 아무렇지도 않았지만, 전도지만 들고 나가면 마음에 두려움이 생기고 위축됩니다. 전도를 싫어하는 사탄이 방해하기 때문입니다. 그렇기 때문에 마음에 두려움이 생기고 전도하기 싫어지게 되는 것입니다. 이것이 바로 전도하려고 한 사람에게 생기는 영적인 전쟁입니다.

2. 받는 자의 영적전쟁

그러나 이런 영적전쟁은 전도를 하는 사람에게만 있는 것이 아닙니다. 전도를 받는 사람에게도 영적전쟁이 있습니다.

갑작스러운 약속　　　　　　한 학생이 친한 친구를 전도하기 위해 오랜 시간 공을 들여 주일날 같이 교회에 가기로 했습니다. 학생은 평소보다 일찍 일어나 준비를 마치고 친구를 데리러 가기 위해 전화했습니다. 그런데 갑자기 친구에게 가족 모임이 생겼다는 것입니다. 친구는 없던 약속이 갑자기 생겼고 결국 교회에 오지 못했습니다.

화를 내는 사람들
한 목사님이 지하철역 앞에서 전도지를 나눠주고 있었습니다. 번화가여서 그런지 전도지 외에도 여러 전단지를 나눠주는 사람들이 있었습니다. 어떤 사람이 다른 전단지를 받고 오다가 교회 전도지를 건네주니 화를 내며 받지 않았습니다. 사람들이 교회 전도지를 받을 때만 화내는 모습을 보고, 이것이 영적전쟁이라는 생각이 들었습니다.

Q.2

고린도후서 4장 4절에서 세상 신이 '믿지 아니하는 자들'에게 어떻게 역사한다고 했나요?

Q.3

마태복음 13장 19절에서 사람들의 마음에서 누가 말씀을 빼앗아 간다고 했나요?

하나님을 믿지 않는 사람들이 복음을 듣고도 받아들이지 못하는 이유는 사탄이 그들의 마음을 혼미하게 하고 있기 때문입니다. 전도를 받는 사람들은 사탄에 의해 마음을 열어 들으려고 하지 않습니다.

전도자의 시련　　학교에서 친구들에게 그리스도인임을 밝히지 않았던 학생이 있었습니다. 제자훈련을 받고 성령님께서 친구들에게 그리스도인임을 밝히고 복음을 전하라는 마음을 주셔서 순종했습니다. 그런데 친하게 지내던 친구들의 태도가 변하기 시작했습니다. 주말이 되면 교회에 가지 말고 함께 놀자고 설득했고, 학생이 거절하니 따돌리고 왕따를 시키기 시작했습니다. 처음에는 친구들이 밉고 원망스러웠지만 예수님께서 친구들을 위해서 기도하라는 마음을 주셔서 순종하며 친구들을 위해서 기도했습니다.

전도하면 사탄이 방해하고 있다는 것을 반드시 알 수 있습니다. 그렇게 좋은 관계를 유지하던 친구들도, 예수님을 믿으라고 전도하면, 싫은 표정을 짓고 함께 어울리지 않으려고 합니다. 심지어는 친구들에게 따돌림을 당하게 됩니다. 그들이 복음을 듣고 구원받는 것을 사탄이 끊임없이 방해하고 있기 때문입니다.

재미있게 본 영화의 내용을 친구들에게 전하는 일은 어렵지 않습니다. 그러나 지난주 들었던 설교 말씀을 전하는 일은 어렵습니다. 복음을 전하는 일에는 언제나 영적으로 저항하는 힘이 있고, 복음의 진리가 전해지는 것을 사탄이 기뻐하지 않습니다.

우리의 힘과 능력만으로는 전도의 열매를 맺을 수 없습니다. 기도없는 전도는 없습니다. 전도를 방해하는 세력을 기도로 대적해야 합니다. 그러므로 복음을 전할 때는 사람을 혼미하게 하는 사탄이 떠나가고 담대함으로 전도할 수 있도록 충분히 기도해야 합니다. 기도 없이는 전도의 열매도 없다는 사실을 기억해야 합니다.

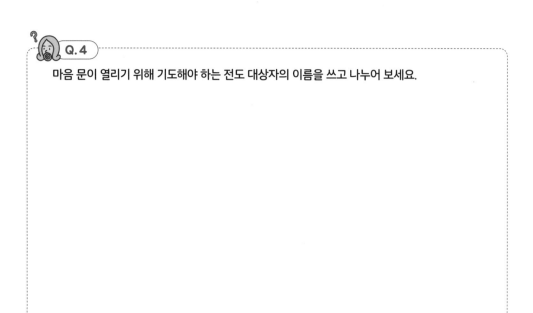

Q. 4

마음 문이 열리기 위해 기도해야 하는 전도 대상자의 이름을 쓰고 나누어 보세요.

04 전도는 나의 예수님을 전하는 것

SELF- CHECK LIST

 ☐ 예습   ☐ 암송   ☐ 동행일기   ☐ 기도   ☐ 말씀묵상

주제 말씀을 암송하며 빈칸을 채워보세요.

그러므로 너희는 가서   내가 너희에게

분부한 모든 것을 가르쳐 지키게 하라 볼지어다

(   )

보통 교회에 친구를 데려오는 것을 전도라고 생각하지만 그것은 단순한 인도입니다. 전도는 복음을 전하는 것입니다. 그러나 실제로 전도하려고 하면 어떤 방법으로 해야 할지 막막한 경우가 많습니다. 일상에서 전도를 실천하기 위해서는 전도하는 방법을 알아야 합니다.

1. 복음의 핵심이 전달돼야 한다

전도란 복음을 전하는 것입니다. 그렇다면 복음은 핵심은 무엇입니까?

- 모든 사람이 죄를 지어 하나님과의 관계가 끊어졌습니다.
- 우리의 능력과 노력으로는 아무도 천국에 갈 수 없습니다.
- 예수님이 십자가에서 죽으심으로 모든 사람의 죗값을 치르셨습니다.
- 예수님은 죽은 지 사흘 만에 다시 살아나셨습니다.
- 예수님을 마음으로 믿는 사람은 누구나 모든 죄를 용서받고 구원받습니다.

2. 복음으로 변화된 삶을 전하자

세상에 특별하고 효과적인 전도 방법이 많지만, 가장 강력한 방법은 내가 만난 예수님을 전하는 것입니다. 길거리에서 헬스장 광고 전단지를 본 적이 있을 것입니다. 전단지 중에 다이어트 전과 후의 모습을 비교한 사진들이 있습니다. 그것이 확실하게 전과 후의 다른 모습을 보여줄 수 있는 방법이기 때문입니다. 이처럼 복음을 전할 때도 십자가 복음의 진리가 내 삶을 어떻게 변화시켰는지를 전하는 것이 가장 확실한 전도입니다.

하나님께서 사랑하시는 증거 한 학생이 있었습니다. 그의 청소년기는 싸움, 반항, 방황의 연속이었습니다. 그를 바라보는 학교의 시선은 매우 차가웠습니다. 학생은 자신에게 편견의 잣대만 들이대는 학교에 흥미를 붙이지 못했습니다. 공부 대신 좋아하는 '힙합 음악'에 눈길이 갔습니다. 시간 날 때마다 춤 연습과 힙합 공부를 했습니다. 내 편이 없는 듯한 환경 속에서 힙합은 유일한 안식처였습니다.

그는 군에 입대해서 정신병원에 입원하게 되었습니다. 그 영혼이 계속 메말라갔기 때문입니다. 하지만 놀랍게도 광야 같았던 병원에서 하나님을 만났습니다. 하나님을 만나기 전까지 그는 자신이 쓸모없는 사람이라고 생각했습니다. 늘 고통 가운데 버림받은 자라고 여겼었습니다. 그런데 주님이 말씀하셨습니다.

"네가 고통의 자리에 있을 때, 나도 그 자리에 있었단다. 내가 너를 사랑한다! 모든 사람이 등한시하는 곳에 가서 나를 전해주렴!"

하나님은 쓰레기와 같은 인생도 재활용하시는 분이심을 알게 되었습니다. 그는 은혜에 감격해서 힙합으로 하나님을 전하고 싶다는 꿈을 가졌습니다. 결국 그는 힙합을 통해 복음을 전하는 선교사가 되었습니다. 그리고 소년원, 교회 등 이 시대 청소년들과 청년들을 위해서라면 어디든 달려가 복음을 전하는 자가 되었습니다. 복음으로 변화된 그의 간증을 통해 예수님을 알게 되어 제2의 인생을 사는 청소년들이 수없이 많아졌습니다. 그는 EMT(Encoded Missionary Team) 선교회 대표이자 죄인교회 담임목사인 서종현 선교사입니다. 그는 지금도 어디를 가든지 이렇게 외칩니다. "나는 하나님께서 죄인을 사랑하심의 증거입니다!"

전도는 어려운 일이 아닙니다. 우리는 전도를 특별히 훈련받은 사람이 감당하는 일이라고 여깁니다. 그리고 화려한 미사여구로 기독교 교리를 정확히 전달해야 한다고 생각합니다. 그러나 나를 구원하신 주님을 내 입술로 전하기만 해도 주님의 역사가 일어납니다.

3. 마음을 열고 주님을 구주로 모시자

예수 그리스도로 인해 천국에 갈 수 있는 길이 열렸습니다. 복음을 들은 이들에게 필요한 것은 복음의 진리를 인정하는 것입니다. 전도 대상자가 예수님을 믿기로 했다면 즉시 하나님께 다음과 같이 기도해야 합니다. 마음을 열고 예수님을 구주로 영접하면 우리는 구원을 받습니다.

> **영접기도**
>
> "하나님, 제가 죄인임을 인정합니다. 그리고 예수님께서 저를 사랑하셔서 저의 죄를 대신해서 십자가에서 못 박혀 죽으시고 부활하신 사실을 믿습니다. 이제 예수님을 저의 구주로 믿고 제 마음에 모십니다. 제 마음에 들어오셔서 제 삶을 인도해 주세요. 예수님의 이름으로 기도드립니다. 아멘."

전도 대상자 :

관계 :

Q. 영혼을 위한 기도를 했습니까? (예 / 아니오)

Q. 복음의 핵심을 나의 언어로 기록해 보세요.

Q. 예수님을 믿기 전에 나의 삶은 어떠했나요?

Q. 예수님을 믿은 후에 나는 어떻게 변했나요?

05

나는 선교사입니다

SELF- CHECK LIST

☐예습 ☐암송 ☐동행일기 ☐기도 ☐말씀묵상

주제 말씀을 암송하며 빈칸을 채워보세요.

(   )

Q.1

나의 친구들은 내가 예수님을 믿고 있는지 알고 있나요?

대부분의 청소년이 학교에서 내가 그리스도인임을 드러내는 것을 부담스럽고 어려워합니다. 그러나 하나님은 우리가 학교에서도 전도하기를 원하시고 심지어 우리를 선교사라고 하십니다.

Q.2

'선교사' 하면 떠오르는 단어나 이미지는 무엇인가요?

우리는 '선교사'라고 하면 신앙심이 남다르거나 특별한 사명을 가진 사람이 해외로 나가서 복음을 전하는 것이라고 생각합니다. 그렇기 때문에 내가 선교사의 자격을 갖추었다고 생각하지 않습니다. 그러나 사도행전 1장 8절을 보면 하나님은 우리 모두를 선교사로 부르셨다는 것을 알 수 있습니다.

Q.3

사도행전 1장 8절을 써 보세요.

이 말씀에서 '너희'는 그 당시에 예수님의 목소리를 들었던 제자들만을 말하는 것이 아닙니다. 성령님을 마음에 주인으로 모신 모든 사람을 말합니다. 그렇기 때문에 우리도 선교사입니다. 언어가 다른 나라에 파송된 선교사가 있는가 하면, 우리는 대한민국에 파송된 선교사입니다. 특별히 학교가 우리의 선교지입니다.

선교사라고 하면 음식도 다르고, 문화도 다르고, 언어도 다르기 때문에 힘든 삶을 살아야 한다고 생각합니다. 실제로 그런 환경에서 선교하시는 선교사님들도 있습니다. 하지만 우리는 같은 음식, 같은 문화, 같은 환경에 사는 좋은 환경의 선교사입니다. 얼마나 감사한 일인가요?

교회에서의 신앙생활은 열심히 하지만, 학교에서 행동은 예수님을 믿지 않는 친구들과 별반 다르지 않은 학생들이 있습니다. 내가 학교에 파송된 선교사라고 의식하지 못하기 때문입니다. 그러나 학교가 정말 나의 선교지라고 생각하면 친구들과 말 한마디를 하는 것도, 학생으로서 공부를 열심히 하는 것도, 어려움을 당한 친구를 대하는 것도 달라집니다.

선교사의 사명 중학교 1학년 여학생이 입학하면서 예수님을 믿는 사람답게 살기로 했습니다. 그런데 그것은 생각만큼 쉽지 않았습니다. 학교에서 함께 놀았던 친구 중에서 한 명이 소외당하기 시작했습니다. 친구들은 그 친구를 계속 뒷담화하기 시작했습니다. 여학생은 뒷담화하는 것이 하나님께서 기뻐하시는 일이 아니라는 것을 깨달았습니다. 그래서 뒷담화에 합류하지 않았는데 그 일로 오히려 여학생이 왕따가 되고 말았습니다. 반 친구들은 "그냥 같이 동조하면 될 일을 왜 이렇게 유난이냐"라고 했지만 여학생은 예수님 때문에 그럴 수 없었다고 했습니다. 6개월 넘는 시간 동안 반에서 친한 친구 없이 지내야 했지만 자신이 한 일을 후회하지 않는다고 했습니다.

그렇다면 학교에 파송된 선교사는 어떤 마음을 가지고 지내야 할까요? 사도 바울의 마음가짐을 통해서 알 수 있습니다.

Q.4

다음 성경 구절에서 사도 바울의 소원은 무엇이었는지 써 보세요.

1. 고린도전서 10장 31절

2. 빌립보서 1장 20-21절

3. 고린도후서 5장 9절

사도 바울의 마음에는 오직 예수님이 존귀하게 드러나는 것이 전부였습니다. 학교에서 나를 통해 예수님이 존귀하게 드러나시는 것이 선교사의 역할을 잘 감당해 내는 것입니다. 이 일이 거창하고 두렵게 느껴질 수 있습니다. 그러나 우리가 움직이면 그 후에는 하나님께서 도와주십니다. 내가 그리스도인임을 드러내는 것이 시작입니다.

그리스도인임을 드러내는 용기 1

한 교회에서 고난주간에 '나는 예수님을 부끄러워하지 않겠습니다'라는 주제로 나무 십자가 목걸이를 걸고 등교하는 캠페인을 했습니다. 캠페인에 동참했던 학생의 간증문입니다.

"나는 이번 캠페인에 동참하기로 했다. 친구들은 내가 예수님 믿는다는 것을 몰랐기 때문에 십자가를 매고 등교 할 생각을 하니 심장이 너무 두근거렸다. 친구들이 나를 주목하고 평가할 것들이 두려웠다. 나는 첫날 목걸이를 챙기긴 했지만 매지 못했다. 십자가 목걸이는 주머니에 있었고 나는 온종일 십자가 목걸이가 의식되었다. 다음날 나는 용기를 내어 목걸이를 매고 집을 나섰다. 그러나 학교에 가까이 왔을 때 목걸이를 옷 안으로 숨기고 말았다.

그날 밤, '예수님은 나를 위해 십자가에서 죽으셨는데 나는 친구들 앞에서 예수님을 부끄러워하는구나….'라고 깨달아졌다. 예수님께 너무 죄송한 마음이 들었다. 그 다음 날, 나는 다시 용기를 내어 십자가 목걸이를 매고 등교했다. 역시나 친구들이 나에게 물었다. '그게 뭐야?', '그거 왜 하고 다니는 거야?', '너 교회 다녀?' 등의 질문이 쏟아졌다. 나는 떨리는 목소리로 말했다. '응. 나 교회 다녀. 예수님이 십자가에 못 박히신 주간이라 십자가 목걸이를 매고 학교에 왔어.' 다행히도 나에게 비아냥거리는 친구는 없었다. 나는 그날 왠지 모르게 기뻤지만, 한편으로는 내 행동이 자유롭지 못함을 느꼈다. 툭툭 튀어나오던 욕도 할 수 없었다. 그래서 감사했다. 몇 명의 친구는 나를 찾아와서 '사실 나도 교회에 다녀.'라고 말해서 깜짝 놀랐다. 내가 그리스도인임을 드러내고 나니 불편한 것도 생겼지만 오히려 마음에 담대함이 생기는 것을 느꼈다. 나는 앞으로도 학교에서 내가 믿는 예수님을 부끄러워하지 않겠다고 다짐했다." (중2 남학생의 간증)

이처럼 시작은 거창한 전도가 아니어도 괜찮습니다. 내가 학교에서 그리스도인이라는 것을 드러내는 것이 선교사의 첫걸음입니다.

그리스도인임을 드러내는 용기 2 "주일 말씀을 듣는 중에, 학교에서 말씀묵상으로 하루를 시작하라는 마음이 들었다. 친구들이 나를 어떻게 볼지 신경이 쓰였지만 하나님께서 주신 마음에 순종하고 싶었다. 그래서 나는 아침에 학교에서 말씀으로 하루를 시작했다. 같은 반 친구가 오후에 나를 찾아왔다. 그러면서 자신도 예수님을 믿는데 함께 말씀묵상을 하고 싶다고 얘기하는 것이었다. 나는 정말 깜짝 놀랐다. 그래서 우리는 아침마다 일찍 만나서 말씀을 보고 학교를 위해서 기도하는 모임을 만들게 되었다." (중2 남학생의 간증)

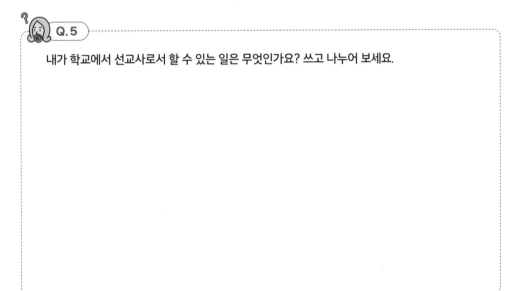

Q.5

내가 학교에서 선교사로서 할 수 있는 일은 무엇인가요? 쓰고 나누어 보세요.

소그룹 나눔

마음 열기

1. 지난 한 주를 어떻게 보냈나요? 돌아가면서 반원들과 나누어 보세요.

2. 시작기도를 하고 본격적인 소그룹 나눔을 시작합니다.

1. **지난 단원을 복습해 봅시다.**

    a. 우리가 하나님의 은혜에 기쁨으로 표현하는 방법은?

    b. 좋은 예배에 필요한 것 두 가지는?

    c. 예배는 주일에만 드리는 것이다? 아니다?

    d. 교회에서만 예배드리는 것이다? 아니다?

    e. 그렇다면 우리의 예배가 드려지는 장소는?

2. **지난주 출석과 예습, 암송, 예수동행일기, 기도, 말씀묵상을 충실히 했는지 같이 점검해 봅니다.**

3. **성경 암송 과제를 함께 암송합니다.** 암송 구절: 마태복음 28장 19-20절

나눔

01 전도는 전하는 것이다 (P.135)

Q. 내가 복음을 전하지 않아서 원망할 사람이 누구인지 쓰고 나누어 보세요.

02 나는 정말 하나님을 사랑하는 사람인가? (P.139)

Q. 나의 삶은 갈릴리 호수인가요? 사해인가요? 나의 영적인 상태를 써 보세요.

03 전도와 영적전쟁 (P.144)

Q. 마음 문이 열리기 위해 기도해야 하는 전도 대상자의 이름을 쓰고 나누어 보세요.

04 전도는 나의 예수님을 전하는 것 (P.148)

〈전도 실습하기〉　　　전도 대상자 :　　　　　　　　　　관계 :

Q. 영혼을 위한 기도를 했습니까?

Q. 복음의 핵심을 나의 언어로 기록해 보세요.

Q. 예수님을 믿기 전에 나의 삶은 어떠했나요?

Q. 예수님을 믿은 후에 나는 어떻게 변했나요?

05 나는 선교사입니다 (P.153)

Q. 내가 학교에서 선교사로서 할 수 있는 일은 무엇인가요? 쓰고 나누어 보세요.

마무리

1. 친구들에게 자신의 기도제목을 나눕니다. 자신과 다른 친구들의 기도제목을 이곳에 적어봅시다.

2. 다음 주는 수료식입니다. 수료식 전까지 부록에 나오는 간증문 안내에 따라 간증문을 꼭 써야합니다. 수료식에 대한 공지사항을 잘 확인하도록 합니다.

부록

간증문 작성

제자훈련을 받고 계신 훈련생 여러분을 사랑하고 축복합니다.

이제 제자훈련이 막바지에 이르렀습니다. 제자훈련 과정의 하나인 간증문에 대해 안내합니다. 훈련기간 동안 받은 은혜가 많지만, 그 받은 은혜를 정리해 고백해야 합니다. 그렇지 않으면 은혜를 내 것으로 붙들기 어렵습니다. 내가 어떤 은혜를 받았는지 구체적으로 정리하여 보고, 앞으로의 삶 속에서 그 깨달음을 어떻게 적용할 것인지 결단하며 구체적으로 써보시기 바랍니다. 간증문은 나의 신앙에 유익할 뿐 아니라, 다른 사람에게 하나님이 행하신 일을 드러냄으로써 하나님께 영광을 돌릴 수 있는 귀한 기회가 되기도 합니다.

아래의 가이드에 따라 간증문을 작성하시되 잘 쓰고자 하는 마음의 부담을 내려놓고 성령님의 도우심을 간구하며 정직하게 작성하시길 바랍니다.

1. 간증문 작성 가이드 (아래의 가이드에 따라 자유롭게 작성해 주세요)

1. 제자훈련을 받게 된 동기는 무엇입니까?
2. 1-10단원 중에서 가장 은혜를 받은 단원은 몇 단원입니까?
3. 특히 어느 과의 어떤 내용에서 은혜를 받았습니까?
4. 은혜받은 말씀을 삶에 어떻게 적용하셨습니까?
5. 제자훈련을 받기 전과, 받고 나서 스스로 달라진 점이 있다면 어떤 점입니까?
6. 예수님의 제자로서 앞으로의 각오와 결단은 무엇입니까?

2. 간증문 제출 안내

1. 분량은 A4 한 장 내외로 작성하시면 됩니다.
2. 담당 강사님께 이메일로 제출해주시면 됩니다.
   이메일 주소 :
   제출 마감일 :
   ※ 기간 내에 간증문을 제출하지 않으면 수료하실 수 없습니다.

* 본서에 인용된 글은 저작권자인 넥서스의 허락을 받고 사용했습니다.

예수님과 동행하는 삶으로 인도하는 제자훈련

청소년 예수님의 사람 2

초판 1쇄 발행 2022년 2월 25일
초판 7쇄 발행 2024년 11월 8일·

지은이 유기성

기획·편집 엄재현 김찬숙 유지영 김지영
디자인 브릿지제이 bridgej824@gmail.com
일러스트 churchbro ⓘchurchbro_

펴낸곳 도서출판 위드지저스
등록번호 제254-2021-000163호
주 소 경기도 성남시 분당구 하오개로344번길 2, 2층(운중동)
전 화 031-759-8308 | 팩 스 031-759-8309
전자우편 wjp@wjm.kr

Copyright ⓒ 유기성, 2022, Printed in Korea

ISBN 979-11-91027-13-6 04230
ISBN 979-11-91027-11-2 (세트)

이 출판물은 저작권법에 의해 보호를 받는 저작물이므로
무단 전재와 무단 복제를 금합니다.

* 잘못된 책은 바꿔드립니다.
* 책값은 뒤표지에 있습니다.